Peaceful gardening

Biovegan gärtnern – Das Praxisbuch

SUSANNE HEINE

blv

Was Sie in diesem Buch finden

Einführung 7
Wie kam ich zum bioveganen Gärtnern? 8
Was ist biovegans Gärtnern? 10
Die Geschichte von Mr. Veganowicz 12

Biovegane Gartenpraxis 15
Bodenbearbeitung 16
Mulchen 20
Kompost 23
Düngung im bioveganen Garten 26
Beinwell – ein Schatz im eigenen Garten 33
Brennnessel, ein oft unterschätztes Gartenjuwel 35
Vegane Düngemittel im Handel 37
Pflanzenschutz im bioveganen Garten 40
Aussaat und Pflanzung 50

Der biovegane Blumen- und Gemüsegarten 57
Ein Gemüsebeet anlegen 58
Mischkultur 61

Die 10 leckersten Gemüse für den bioveganen Garten 64
Buschbohnen 64 · Feuerbohnen 65 · Grünkohl 67
Kohlrabi 68 · Paprika 69 · Salate 70 · Sellerie 72
Tomaten 73 · Topinambur 75 · Zucchini 76

Die 10 würzigsten Kräuter für den bioveganen Garten 80
Einen bioveganen Kräutergarten anlegen 78
Bohnenkraut 80 · Lavendel 81 · Liebstöckel 82

Minze 83 · Oregano 85 · Petersilie 86
Rosmarin 87 · Salbei 88 · Schnittlauch 90
Thymian 91

Die 10 hübschesten Blumen für den biovegananen Garten   92

Akelei 92 · Alant 93 · Kapuzinerkresse 95
Kornblume 96 · Kosmee 97 · Löwenmäulchen 98
Ringelblume 99 · Sonnenblume 101 ·
Stockrose 102 · Wildrosen 103

Die 4 besten Beeren für den biovegananen Garten   104

Brombeere 104 · Erdbeere 105 · Japanische
Weinbeere 106 · Rote Johannisbeere 108

Natur fördern im biovegananen Garten   111

Lebensräume schaffen und erhalten   112

Biovegan gärtnern rund ums Jahr   125

Januar 126 · Februar 127 · März 128 · April 129
Mai 130 · Juni 131 · Juli 133 · August 134
September 136 · Oktober 137 · November 138
Dezember 139

Anhang   140

Adressen, die Ihnen weiterhelfen   140
Stichwortverzeichnis   141
Über die Autorin   143

Einführung

Was ist der Unterschied zwischen einem bioveganen und einem biologischen Garten? Wächst überhaupt etwas ohne tierischen Dünger? Und woher bekommt man den Stickstoff für die Pflanzen? Antworten auf diese und andere Fragen erfahren Interessierte und vegane GärtnerInnen in diesem Buch.

Wie kam ich zum bioveganen Gärtnern?

Als ich 2010 von der Stadt aufs Land in ein Haus mit eigenem Garten zog und dort anfing zu gärtnern, lebte ich schon ein Jahr lang vegan. Davor war ich schon lange aus ethischen Motiven Vegetarierin. 2009 sah ich dann eine Dokumentation über Kühe in der Milchproduktion. Dort wurde gezeigt, wie das Leben einer Milchkuh aussieht, dass Kühe nicht einfach so das ganze Jahr über Milch geben, sondern nur, wenn sie trächtig sind. Dass ihnen das Kalb weggenommen wird, was für die Kühe immer mit großer Trauer um diesen Verlust einhergeht – sie muhen tage- und nächtelang, um ihr Kalb wiederzubekommen. Das Kalb aber steht mutterseelen allein, getrennt von seiner Mutter, die jedoch weiter Milch gibt. Dies wiederholt sich beim nächsten Kalb, bis die Kühe älter und erschöpft sind und ihre Milchleistung nachlässt. Dann werden sie, lange vor ihrer natürlichen Lebenserwartung, zum Schlachter gebracht.

Die Tatsachen, die ich bei meiner weiteren Beschäftigung mit dem Thema Milchproduktion erfuhr, brachten mich zu dem Entschluss, nicht nur vegetarisch, sondern künftig vegan zu leben. Verblüffend war jedoch, dass das gar nicht so schwer für mich war! Es bedeutete auch keinen Verzicht, sondern einfach ein Umdenken und einen Neustart, ein Entdecken anderer Lebensmittel und vieler toller Rezepte. Jetzt geht es mir sehr gut damit, es war eine der besten Entscheidungen meines Lebens.

Mein blühender Garten mit dem Tomatenhäuschen. Hier gedeihen Gemüse und Blumen friedlich nebeneinander.

Vegane Lebensweise und der Garten

Schon als ich klein war, hatten wir einen wundervollen Garten. Wir haben dort Gemüse und Kartoffeln angebaut, es gab Sauerkirschbäume, Himbeeren und einen großen alten Apfelbaum der Sorte ›James Grieve‹, unter dem im Februar die Schneeglöckchen blühten. Die Äpfel waren sehr sauer, man verzog das Gesicht beim Hineinbeißen! Wir haben die leuchtenden, gelbgrünen Äpfel dann immer zum Mosten gebracht. Der Saft war der beste Apfelsaft, den ich je getrunken habe. So war es für mich das Erste, beim Hinausziehen aufs Land nach einem Haus mit Garten Ausschau zu halten.

Biovegane Landwirtschaft

Nachdem ich also einen Garten hatte, beschäftigte ich mich mit dem Thema »Vegane Lebensweise und Gärtnern« näher. Ich sah mich bei einem bioveganen Landwirtschaftsprojekt im Raum Hannover um[1]). Es wurde mir alles gezeigt, sie bauen dort in großer Vielfalt Gemüse an, düngen mit Ackerbohnenschrot und betreiben einen Hofladen. Ich lernte sehr viel Wissenswertes für meine bioveganen Gartenpläne. Und im Forum des bioveganen Netzwerkes tauschte ich mich mit Gleichgesinnten aus. Und ich stieß bei meiner Recherche auf ein Video[2]) des *vegan organic network*. Darin sieht man einen sympathischen bioveganen Bauern, der durch seinen Betrieb führt. Er zählt voller Begeisterung auf, was dort alles angebaut wird. Man erfährt, dass es schon seit 1997 in Großbritannien biovegane Landwirtschaft gibt.

Während er durch ein Gewächshaus voller Pflanzen geht, erzählt er weiter: »Alles klappt wunderbar, wir haben große Ernten, wir arbeiten nicht nur mit Gründüngung, sondern bauen permanent in Fruchtfolge etwas an und brauchen viel weniger Ackerfläche.« Völlig von der Begeisterung angesteckt dachte ich: »Dies wird das ja wohl in meinem kleinen Garten auch klappen!« Es war leichter als erwartet. Mittlerweile gärtnere ich seit vier Jahren biovegan. Den LeserInnen meines Buches, für die die Materie noch neu ist, möchte ich vermitteln, wie man auch ganz ohne tierischen Dünger auskommt, wie man aus Pflanzenmaterial Dünger selbst herstellt, wie man Pflanzenkompost anlegt und wie man mit alldem einen wunderbar gut gedeihenden Garten haben kann.

Eine Ermunterung für VeganerInnen und biovegane Gärtner möchte ich noch anbringen: Manchmal werde ich gefragt, was es denn »bringen« soll, es »so genau« zu nehmen. »Was bewirkt das denn schon mit deinem kleinen Gärtchen und dem konsequenten ›Vegan-sein‹?«. Dann fällt mir immer dieses afrikanische Sprichwort ein, das ich sehr liebe: »*Viele kleine Leute an vielen kleinen Orten, die viele kleine Dinge tun, können das Gesicht der Welt verändern!*«
Und das motiviert einen doch sehr!

Reiche und gesunde Ernte im September – ganz ohne Einsatz von tierischem Dünger.

---
[1]) www.solawi-wildwuchs.de
[2]) Video bei YouTube unter »Making The Connection – Kapitel 5«.

Was ist bioveganes Gärtnern?

»Was ist überhaupt ein veganer Garten? Pflanzen sind doch sowieso vegan?« Das werde ich oft spontan von meinem Gegenüber gefragt, wenn der Begriff »veganes Gärtnern« zum ersten Mal fällt. **Beim biovegananen Gärtnern verbindet sich der ökologische Gedanke des biologischen Landbaus mit dem ethischen Grundsatz der veganen Lebensweise.** Das sagt schon der Begriff an sich, doch wie sieht dies in der Praxis aus?

Achtsamkeit

Als veganer und als biologischer Gärtner respektiere ich die Natur und begegne den Tieren und Pflanzen im Garten mit Achtsamkeit. So werden im veganen Garten – wie im biologischen Garten – sanfte Methoden der Bodenverbesserung angewandt. Das Wissen über Fruchtfolge und Mischkultur fließt in die Beetplanung ein. Außerdem wird gemulcht, mit pflanzlichem Kompost und Pflanzenjauchen gedüngt und eine Gründüngung gesät. Im Bio- wie im veganen Garten schafft man viele verschiedene Lebensräume, um die Artenvielfalt zu fördern.

Das Wesentliche im veganen Garten ist jedoch die ethische Motivation, dass man keinem Tier bewusst Schaden zufügen will. Man setzt im veganen Garten vollkommen auf die Kraft der Pflanzen und verwendet deshalb statt Knochen- oder Haarmehl veganen Dünger, etwa Pflanzenkompost und Pflanzensäfte. Und weil die biovegane Anbauweise nicht nur den veganen, sondern auch den biologischen Aspekt berücksichtigt, verwendet man dabei natürlich auch keine Gifte oder künstliche Düngemittel.

Mein kleines Beet, bepflanzt mit Erdbeeren, Kohlrabi und Mangold, wird schonend gepflegt.

Im biovegnan Garten geht es freundlich zu

Im Verlauf der Pflanzung und Pflege werden nur abwehrende oder vorbeugende Maßnahmen eingesetzt. Man stellt keine Fallen für Mäuse und Co. auf und verwendet auch keine Mittel, die Insekten, Schnecken oder andere Tiere töten könnten.

Im biovegenan Garten werden auch keine bestimmten Tiere bevorzugt. Man kümmert sich um den Igel wie um die Vögel. Man schafft Lebensräume für Molche, Frösche und die verschiedensten Insekten. Keine Tierarten werden von dieser behütenden und friedlichen Einstellung ausgeschlossen, allen wird das Recht auf Leben eingeräumt. Für mich fühlt es sich falsch an, den Igel zu schützen und gleichzeitig das Knochenmehl eines anderen Tieres, das genauso die Fähigkeit hat, zu empfinden, als Dünger im Gartenbeet zu verwenden. Ein biovegner Garten soll ein Ort sein, an dem sich jeder wohlfühlen kann, Menschen wie Tiere.

Eine Sache der Sichtweise

Auch eine Einteilung in Nützlinge und Schädlinge nimmt man im veganen Garten nicht vor. Es ist ja eine Sache der Sichtweise, wer da wem schadet. Es könnte ja auch sein, dass die Biene den Menschen als »Schädling« einstuft, da er ihr den Honig wegnimmt und mit einer weniger wertvollen Zuckerlösung ersetzt. Man sollte es eher wie eine Freiluft-Lebensgemeinschaft sehen, in der jeder seinen Platz hat.

Habe ich einen Vorteil durch das biovegane Gärtnern?

Ich habe einmal gelesen, **vegan sein ist keine Übersensibilität, sondern einfach eine Art Korrektur.** Als wäre irgendwann einmal ein falscher Weg eingeschlagen worden. Das Ausmaß, in dem Tiere heute benutzt werden, ist ja auch unvorstellbar! Lange genug haben wir die Augen davor verschlossen, was wir den Tieren damit antun. Und im Grunde fühlt sich kaum jemand im Innersten wohl damit.

Veganes bzw. biovegenes Gärtnern ist kein neues Gartenkonzept, sondern in erster Linie eine Sache der inneren Einstellung. Der große Vorteil beim biovegenan Gärtnern ist nicht ein höherer Ertrag oder bessere Gurken, sondern ein gutes Gefühl. Vielleicht kann man es auch ein »ruhiges Gewissen« nennen, das entsteht, wenn man weiß, dass kein Tier für diesen Garten leiden musste. Und wenn man ohne tierische Stoffe anbauen kann, warum sollte man es dann nicht tun? Schließlich macht es auch sehr viel Spaß, und das ist ja auch wichtig!

Und die gute Nachricht: Biovegan gärtnern funktioniert! Alles wächst und gedeiht und wir ernten jedes Jahr körbeweise leckeres Obst und Gemüse!

Ich liebe den würzig-kräftigen Duft von Rosmarin. Im Hintergrund eine Sonnenfalle aus Steinen.

Die Geschichte von Mr. Veganowicz

Auf einmal tauchte er auf. Als ich die Abdeckung auf die Regentonne legte, hörte ich sein leises Stimmchen. Mr. Veganowicz, der Tierrechtler-Gartenzwerg, war das erste Mal in meinem Garten erschienen. Ich erschrak erst, doch er lachte mich so freundlich an, strahlte aus allen Knopflöchern, und er trug ein flauschiges Kaninchen auf dem Arm. So fiel es mir leicht, Vertrauen zu ihm zu fassen. Er sagte mir, er passe auf, dass den Tieren in Gärten nichts passiere, und lobte mich ausgiebig für das Gitter auf der Regentonne. Ich wollte ihm gerade sagen, dass das doch eine Selbstverständlichkeit wäre, wie sehr ich mich über die Eichhörnchen im Garten freue und dass ich doch nicht möchte, dass sie in der Regentonne ertrinken – da war er auf einmal mitten in meinem aufgeregten Geplapper verschwunden.

Ab und zu kam er vorbei

Nun sah ich ihn immer wieder. Meistens dann, wenn ich am wenigsten an ihn dachte und gar nicht mehr mit ihm rechnete. Als ich einen Nistkasten im Kastanienbaum aufhängte und nach oben sah, stand Mr. Veganowicz auf einmal wieder da. Er begrüßte mich freundlich und sagte, er freue sich sehr über die Nistkästen, er hätte gesehen, dass da noch weitere hingen, und auch das Insektenhotel hätte es ihm angetan. Er sagte »weiter so« und war urplötzlich wieder verschwunden, samt seinem Hoppler, den er immer beschützend im Arm trug. Als ich dann den alten abgestorbenen Obstbaum als ein Zuhause für Insekten stehen ließ, war er wieder da, und auch an dem Tag, als ich die Wildblumensaat in die Wiese streute.

Immer voller Dankbarkeit

Jedes Mal war er so freundlich und lobte mich für jede Kleinigkeit. Auch als ich einfach einen Laubhaufen zusammenharkte und liegen ließ, war er wieder voller Freude und Dankbarkeit im Namen der Tiere, die dort ihren Unterschlupf finden würden. Gewundert habe ich mich einmal, als die Zucchini nicht wuchsen und ich einen Tag später Mr. Veganowicz an dem Beet sah. Als ich zu ihm ging, um ihn zu begrüßen, war er nicht mehr zu sehen. Doch die Zucchinipflanze hatte auf einmal zig Früchte bekommen! Als ich ihn das nächste Mal sah, fragte ich ihn, warum er das mit den Zucchini gemacht hätte. Er sagte, weil er sich am meisten über Gärten freut, für die kein Tier leiden musste. Auch wüsste er,

»Ihr Garten gefällt mir. Und das hat einen besonderen Grund«, sagte Mr. Veganowicz eines Tages.

dass wir Menschen die Tiere, die geschlachtet werden, nicht sehen und hören würden. Er würde sie immer hören, auch wenn dies nicht direkt im Garten, sondern weiter weg hinter verschlossenen Türen geschieht. Er hatte mir tatsächlich die Zucchini herbeigezaubert, weil ich keinen Dünger mit tierischen Bestandteilen in meinem bioveganen Garten habe! Dies war ein Kompliment und eine Freude für mich.

Eines Tages sah ich, wie er aus dem Garten hinausging, nach draußen auf den Weg, der über den Hügel führt. Ich rief ihn: »Mr Veganowicz, bleiben Sie doch bitte, wohin gehen Sie denn?« Er antwortete: »Hier ist alles in Ordnung, ich muss jetzt weiterziehen, um andere Gärten zu veganen Gärten zu machen! Leben Sie wohl!«

Neues von Mr. Veganowicz

Meine Freundin Petra aus Berlin rief mich an, sie hätte Mr. Veganowicz gesehen! »Echt?«, fragte ich. »Ja, der war auf dem Dachgarten bei uns, hier in Berlin-Friedrichshain beim urban *gardening project*. Fangen ja gerade an, alles biovegan anzubauen. Da gibt's auch einen neuen Dünger … wo war ich stehen geblieben? Ach ja, so ein Kleener mit 'ner roten Mütze, der ist hier aufgetaucht, mit so einem süßen Hasen auf dem Arm. Das war original der Mr. Veganowicz, lief hier rum, wir hatten an das Gewächshaus so Sachen drangemacht, damit die Vögel nicht dagegenfliegen, und auf einmal kam der. Hatte so ein Dauergrinsen im Gesicht, ein ganz Lieber aber.« »Hey, grüß ihn bitte von mir.«

»Hier ist alles in Ordnung«, sagte er. »Ich muss jetzt weiterziehen … leben Sie wohl.«

Biovegane Gartenpraxis

Die wichtigsten Arbeiten und die sanftesten Methoden im biovegangen Garten, die einen schonenden Umgang mit den Ressourcen sichern und dennoch eine reiche Ernte bescheren.

Bodenbearbeitung

Als allererstes sollte man den Boden seines Gartens kennenlernen. Dafür reicht oft eine einfache Spaten- oder Handdiagnose. Grob gesehen gibt es drei Bodenarten: Sand-, Lehm- und Tonboden. Ideal ist der **Lehmboden**, er ist feucht, leicht krümelig und es sind viele Regenwürmer zu sehen. Der **leichte Sandboden** ist durchlässig, gibt Wurzeln wenig Halt, auch können leichter Nährstoffe aus ihm ausgewaschen werden. Man erkennt ihn daran, dass die Körner leicht aus der Hand rieseln. Er kann mit Kompostzugaben, durch Mulchen, Gründüngung und beispielsweise der Zufuhr von Lehm oder Bentonit verbessert werden. Bentonit ist ein Bodenhilfsstoff aus Tonmehl, das zu kleinen Klümpchen zusammengepresst wird. Es gibt dem sandigen Boden Struktur und verbessert die Wasserhaltefähigkeit. Einen **schweren Boden** mit sehr hohem Tonanteil erkennt man daran, dass er sich kneten und formen lässt. Solch ein Boden ist oft stark verdichtet und lässt somit die Nährstoffe nicht zirkulieren. Den Tonboden kann man beispielsweise durch Zugabe von Sand und durch häufige Lockerung verbessern.

Den pH-Wert bestimmen

Des Weiteren kann man mit einem Test-Set den pH-Wert des Bodens bestimmen lassen. Man entnimmt an mehreren Stellen Bodenproben und schickt diese zur Auswertung an ein Institut (Adressen siehe Anhang). Der optimale pH-Wert des Bodens sollte ungefähr zwischen 5 und 7 liegen. Nur dann werden die Pflanzen optimal mit Nährstoffen versorgt. Wenn der Boden zu sauer ist, kann man ihn mit Kalk anreichern, wenn zu alkalisch (basisch) u. a. mit Granitmehl.

Gartenwerkzeuge

Auch im biveganen Garten kommt man natürlich nicht ohne die klassischen Gartenwerkzeuge aus. Folgende gehören meiner Meinung nach zu einer Grundausrüstung:

Grabegabel, Hacke bzw. **Pendelhacke,** Spaten, Schaufel, Kleinhacke, Handschaufel, Grubber, Pflanzdorn, Rechen, Fächerbesen, Hacke, Schere, Astschere und Gießkanne.

Ich habe mir einen guten Platz für Gartenwerkzeuge und andere Gartenutensilien gesucht und eingerichtet. Die Werkzeuge kann man platzsparend an Leisten mit Wandclips aufhängen. Für weitere Utensilien habe ich ein einfaches Regal aufgestellt. Es hat richtig Freude gemacht, alles einzurichten, und es ist angenehm, wenn die Sachen für die Gartenarbeit griffbereit sind.

Bodenschonende Beetpflege mit dem Grubber als Vorbereitung für das Mulchen mit Grasschnitt.

Die praktische Pendelhacke

Besonders empfehlen möchte ich die Pendelhacke. Den Tipp dafür habe ich von Daniel, einem Fachberater des biveganen Netzwerks. Auf das Päckchen des Bioversands habe ich mich nach der Bestellung gefreut wie ein Schneekönig. Die Pendelhacke ist wie die normale Hacke geformt, mit dem Unterschied, dass der untere Teil beweglich ist. Dieser pendelt sozusagen leicht in den Boden und erfasst das Wildkraut unter der Wurzel. Anschließend kann man es als Mulch liegenlassen. Ich möchte sie bei der Gartenarbeit nicht missen und die Anschaffung einer Pendelhacke würde ich jedem bioveganen Gärtner ans Herz legen.

Bodenlockerung

Die beste Bodenlockerung erfolgt durch Pflanzen, beispielsweise wenn tiefwurzelnde Gründüngungspflanzen wie Luzerne mit ihrem Wurzelwerk die Erde durchziehen. So erfährt der Boden eine tiefe und nachhaltige Lockerung und gleichzeitig eine Stickstoffanreicherung, da die Luzerne ja zu den Schmetterlingsblütlern zählt (siehe Seite 18).

So bleibt der Boden lebendig. Und das ist das A und O beim Gärtnern. Auch die Mulchschichten sorgen für die ständige Aktivität und Belebung. Das »Immunsystem« eines solchen Bodens, also seine Fähigkeit zur Selbstregulation, ist übrigens besonders stark.

Günstig ist es, den Boden nicht umzugraben, sondern ihn mit der Grabegabel zu lockern, ohne ihn dabei zu wenden. Das reicht bei einem lehmigen Boden vollkommen. Da ich mulche und Kompost bzw. Gründüngung oberflächlich in den Boden einarbeite, bleibt die Struktur immer schön krümelig und die Humusschicht erhalten.

Wenn man Beete neu anlegen will, bleibt einem jedoch nichts anders übrig, als den Boden auszuheben. Es ist schonender, wenn man dabei statt mit dem Spaten mit der Grabegabel vorgeht. Es gibt übrigens vegane Gärtner, welche die Zacken anschleifen, damit sie die Regenwürmer nicht verletzen. Doch auch so lässt es sich kaum vermeiden. Darum habe ich nach anderen Möglichkeiten gesucht, um neue Beete anzulegen.

Beete ohne Spaten

Schnell bin ich fündig geworden und auf eine wunderbare, wie für den veganen Garten gemachte Methode gestoßen: das Mulchbeet oder »Sheet Mulch«. Dies ist eine in der **Permakultur** häufig angewandte Art der Bodenaufbereitung. Im Internet gibt es mehrere interessante Seiten und Berichte dazu. Ich fand ein Video eines Gärtners, in dem er diese Methode Schritt für Schritt erklärt. Von diesem Video habe ich mich inspirieren lassen und es in meinem Garten ausprobiert. Einige Sachen habe ich geändert, etwa die in dem Film empfohlene

Grubber, Fächerharke, Grabegabel und Co. – kleine Grundausstattung an Gartenwerkzeugen.

erste Schicht aus Pappe und Mist, die ich wegließ. Statt Mist aufzubringen, habe ich die Schicht mit halbreifem Kompost angereichert.

Mein Erstversuch

Diese Beschreibung des Versuchs soll keine exakte Anleitung sein, sondern dient eher zur Inspiration:
- Das Gras auf der vorgesehenen Beetfläche mit einer dicken Decke aus Wiesenschnitt o. Ä. mulchen.
- Immer wenn die Mulchdecke durch die Umwandlung in Humus nach unten absackt und dünner wird, wieder eine Schicht Mulchmaterial oben auflegen.
- Die Mulchschicht ungefähr alle 3 Wochen mit einer Grabegabel etwas lockern und dabei Brennnesseln und Wildpflänzchen mitsamt Wurzeln herausziehen.
- Wenn es sehr trocken ist, empfiehlt es sich, die Mulchdecke etwas mit Regenwasser zu befeuchten.
- Ab und zu Kompost, Brennnessel- und/oder Beinwellblätter auf die oberste Schicht legen.
- Einige Male kann man die Fläche noch mit 1:20 verdünnter Beinwelljauche gießen.

Die Pendelhacke ist beweglich, sie erfasst das Kraut im Boden unter der Wurzel.

Der Test mit der Grabegabel hat gezeigt, dass es funktioniert: Der Boden wird schön humos, das Wildkraut fällt beim Anheben der Grabgabel fast heraus, so locker wurzelt es in der Mulchschicht. Im Frühjahr kann man die Fläche ganz leicht wenden. So hat man fast von allein, ohne große Arbeit, ein neues Beet geschaffen. Die Vorteile sind: Man verletzt keinen Regenwurm, man erhält eine lockere Bodenstruktur und gleichzeitig wertvollen Humus. Eine bessere Methode kann ich mir für den biovegalen Garten nicht vorstellen!

An dieser Stelle möchte ich eine Pflanzengruppe vorstellen, die für die Bodenlockerung, als Dünger und gleichzeitig als Nahrungsmittel eine besondere Bedeutung hat, die **Leguminosen**, die in diesem Buch noch einige Male erwähnt werden.

Leguminosen – was ist das eigentlich?

Zu den Leguminosen zählen Hülsenfrüchte wie Bohnen, Erbsen, Lupinen und Luzerne. Diese Pflanzen lagern in ihren Wurzelknöllchen stickstoffmehrende Bakterien. Sie gedeihen also unabhängig vom Nitratgehalt des Bodens. Sie entnehmen somit dem Boden kaum Nährstoffe für ihr eigenes Wachstum und zählen daher zu den Schwachzehrern.

Leguminosen binden den Stickstoff der Luft im Boden. Dieser löst sich durch Wasser und trägt so zur Fruchtbarkeit des Bodens bei. Wegen dieser Eigenschaften sind Leguminosen auch wertvolle Gründüngungspflanzen, denn sie versorgen den Boden nicht nur mit Stickstoff, sondern sie lockern ihn auch sanft und nachhaltig durch ihre Wurzeln.

Besonders Wissenswertes für Veganer: Leguminosen sind sehr nährstoffhaltig und sie haben insbesondere einen hohen Eiweißgehalt. Im Anbau sind sie pflegeleicht, nehmen nicht viel Platz ein und sind dabei ertragreich.

Bodenbearbeitung

Es sind außerdem optimale Pflanzen für die vegane Ernährung. Wir kennen sie in vielen veganen Gerichten, beispielsweise die Kichererbsen in Salat, Hummus oder Falafel. Sehr beliebt bei Veganern ist auch ein Salat aus schwarzen Linsen oder die Rote-Linsen-Suppe, bekannt als »Dal«, einem indisches Nationalgericht. Sehr lecker und gesund sind übrigens Bratlinge aus Süßlupinenschrot und Kichererbsenmehl. Oder denken wir an die vielfältigen Sojabohnen.

In der biveganen Landwirtschaft und im Garten wird das Schrot von Ackerbohnen, auch eine Leguminose, als Dünger eingesetzt. Außerdem wird zurzeit die Gewinnung von pflanzlichem Eiweiß aus Lupinen für die Ernährung erforscht. Dafür wurde den Forschern 2014 der hochdotierte Zukunftspreis durch den Bundespräsidenten verliehen. Alles in allem sind Leguminosen einfach wunderbare Pflanzen und besonders wertvoll für Veganer und biovegane Gärtner.

Das Mulchbeet ist eine Methode aus der Permakultur und sehr gut für den biveganen Garten geeignet.

Mulchen

Das Bedecken des freien Bodens mit Pflanzenteilen nennt man Mulchen. Mulchen kann man mit den verschiedensten Materialien, zum Beispiel Grasschnitt, Stroh oder Grünhäcksel. Man schichtet diese Materialien einfach zwischen die Gemüsepflanzen, Blumen und rund um Sträucher und Bäume.

Mulchen ist eines der Grundprinzipien im biovegan en Garten. Je nachdem, welches Material verwendet wird, kann eine Mulchschicht den Boden schützen oder ihn zusätzlich mit Nährstoffen versorgen. Die Schicht hält den Boden an trockenen Sommertagen feucht und schützt ihn bei Regenfällen davor, abgeschwemmt zu werden. Außerdem sorgt die Mulchschicht dafür, dass weniger Wildkraut wächst und sich die spärlichen Wildkrautpflänzchen, die noch durchwachsen, leicht herausziehen lassen. Wenn das Mulchmaterial vertrocknet ist, wird es oberflächlich untergegraben. Es ist erstaunlich, wie positiv sich Mulchen auf das Bodenleben auswirkt.

Es gibt vielfältige Möglichkeiten des Mulchens. Als Basis stelle ich sieben leicht anwendbare Methoden vor:

1. Mulchen mit Gras- und Wiesenschnitt

Den Boden mit einer Grabegabel lockern und das Wildkraut entfernen. Leicht angetrockneten Grasschnitt dünn und luftig auf den Boden ausstreuen. Bei Wiesengras darauf achten, dass keine Samen enthalten sind. Die Stängel der Pflanzen werden beim Mulchen ausgespart. Das Material sollte ungefähr 5–8 Zentimeter dick aufgebracht werden.

Eine Mulchdecke aus Grasschnitt hält im Beet die Feuchtigkeit im Boden.

AUS MULCH ENTSTEHT HUMUS

Ein Blick hinter die Kulissen des Bodenlebens: Die organische Mulchdecke verrottet und setzt dadurch Stoffe frei, die Millionen von Bodenlebewesen als Nahrung dienen. Dabei setzt beispielsweise der Regenwurm folgenden Prozess in Gang:
Seine Lieblingsnahrung sind abgestorbene Pflanzenreste, wie solche aus der Mulchschicht. Er verwandelt sie durch die Verdauung in wertvolle »Ton-Humus-Komplexe«. Gleichzeitig zieht er so den Mulch in seine Gänge hinunter und lockert damit die Erde. Der entstandene Humus versorgt die Erde und somit die in ihr wachsenden Pflanzen mit wertvollen Nährstoffen.

2. Mulchen mit Beinwell- und Brennnesselschnitt

Durch Mulchen lassen sich Bodenmängel ausgleichen: Brennnesseln gleichen einen Stickstoffmangel und Beinwell einen Kalimangel aus. Dafür eine Mulchmischung herstellen, indem man die zerkleinerten Blätter zu jeweils etwa 10 % dem Wiesen- oder Grasschnitt beimengt.

3. Mulchen mit Kompost und Grünabfall

Regt das Bodenleben besonders stark an. Halbreifen Kompost verteilen, mit etwas Gras oder Grünhäcksel bedecken, so bleibt er warm und feucht. Die Schicht sollte 3–5 cm dick sein. Für alle Beete und Kulturen geeignet.

DER BIOVEGANE TIPP
Beim Mulchen immer darauf achten, dass dabei keine Neusaat bedeckt wird, denn die Samen brauchen zum Keimen Licht und können sonst nicht wachsen.

4. Mulchen mit Stroh

Vor allem die Früchte der Erdbeeren werden durch eine Mulchschicht aus Stroh vor Schimmel und Schneckenbefall geschützt. Schnecken kriechen ungern über die spitzen Halme. Stroh ist auch ein guter Stickstofflieferant und eignet sich als Mulch für den Winter, um die Bodenstruktur zu schützen

Zerkleinerte Beinwellblätter versorgen den Boden neben den Feuerbohnen mit wertvollen Nährstoffen.

5. Mulchen mit Gründüngung

Freie Beetflächen sind optimal für eine Gründüngung. Dafür bieten sich zum Beispiel Luzerne, Senfsaaten, Klee, Lupinen, Wicke, Spinat oder Bienenfreund *(Phacelia)* an. Sie werden ausgesät und bilden so eine lebende Bodenbedeckung, siehe Seite 28. Die Pflanzen können später auch abgeschnitten und auf dem Beet zum Verrotten liegen gelassen werden, oder aber man arbeitet sie in den Boden ein.

6. Mulchen mit einem Materialmix

Mulchen ist ebenso eine gute Methode, wenn man die Bodenstruktur verändern bzw. ausgleichen möchte. Ich kenne diese Methode durch eine Freundin vom biovegangen Netzwerk. Sie hat einen großen Garten mit sandigem Boden. Wie geht sie nun vor, um den Boden zu verbessern? Sie legt schichtweise verschiedene organische Materialen auf den Boden, um ihn zu festigen und ihm gleichzeitig Nährstoffe zu geben. So ein »Sandwichmulch« kann beispielsweise so aussehen: Direkt auf den Boden legt man eine Schicht Beinwellblätter, darauf etwas Kompost, dann eine Schicht Stroh. Abschließend kann man noch Gesteinsmehl darüber streuen.

7. Mulchen mit Laub

Gerade im Herbst, wenn viel Laub anfällt und der Garten winterfest gemacht werden sollte, bietet sich eine Mulchdecke aus Laub um die Bäume sowie unter Hecken an.

Nach dem Sensen ist viel Wiesenschnitt angefallen, praktisch zum Mulchen für die Gemüsebeete.

Kompost

Der Kompost ist das Herzstück im bioveganen Garten. Mit einem guten Kompost hat man natürlichen organischen Dünger, wie man ihn weder irgendwo kaufen noch in besserer Qualität bekommen kann. Und noch dazu stammt er aus dem eigenen Garten! Dadurch sorgt man für einen geschlossenen Kreislauf, denn kompostierte Küchen- und Gartenabfälle werden so zu wertvollem Humus recycelt.

Man kann Kompost im Grunde überall im Garten verteilen, er gibt der Erde nicht nur Nährstoffe, sondern auch Struktur. So sorgt er in hohem Maße für die Bodenfruchtbarkeit! Kein Wunder, dass er oft »**schwarzes Gold**« genannt wird.

Besonders unsere Gemüsepflanzen freuen sich über die wertvolle Nahrung. Ein weiterer Vorteil eines Komposts im Garten: Man hat viel weniger Müll, da man die Küchenabfälle verwertet. Und das ist gleichzeitig umweltfreundlich.

DER BIOVEGANE TIPP
In der Küche einen kleinen 5-l-Eimer mit Deckel für die organischen Küchenabfälle aufstellen. Der Kompost im bioveganen Garten ist natürlich ausschließlich pflanzenbasiert, Eierschalen oder Ähnliches haben in ihm nichts zu suchen.

Einen Kompost anzulegen ist mit das Beste, was man für seinen Garten tun kann.

Wie es geht

Eine Umrandung aus Holzlatten oder Metallgittern bauen oder ein fertiges Kompostbehältnis kaufen. An einen halbschattigen Ort aufstellen, am besten unter einen Baum. Das Behältnis sollte luftdurchlässig und zum Boden hin offen sein. Zum Schutz vor Nässe sollte es über eine Abdeckungsmöglichkeit verfügen.

Praktisch sind Behälter, aus denen sich unten oder seitlich Kompost entnehmen lässt, denn oft findet sich im unteren Bereich bereits reifer, in der Mitte jedoch halbreifer Kompost. Es geht aber auch so, wenn man etwas umschichtet.

Am besten sind mindestens zwei Komposthaufen; so kann man den einen, der gerade entsteht, mit dem anderen anreichern, sozusagen »impfen«.

DER BIOVEGANE TIPP
Zur Beschleunigung Teile der Beinwellpflanze mit zum Kompost geben. Wie Beinwell angebaut und wo er sonst noch im biveganen Garten verwendet werden kann, finden Sie auf Seite 33.

Kompost anlegen

Der Kompost sollte feucht und luftig sein. Dies erreicht man, indem man das Gleichgewicht zwischen Kohlenstoff und Stickstoff bewahrt. *Ich merke es mir immer so: Kohlenstoff sind braune, trockene Materialien, und Stickstoff sind grüne, feuchte und frische Materialien.* In der Praxis heißt das, dass man nasse, pappige

Im biveganen Garten ist der Kompost rein pflanzenbasiert – ein echter »Pflanzenkompost«.

Küchenabfälle immer mit trockenem strukturreichem Material, zum Beispiel mit dünnen Ästen, trockenen Schilfhalmen, Stroh o. Ä., vermischt. Zwischendurch kann man die Materialien noch mit Steinmehl, Kalk oder Holzasche bestäuben. Solch ein zwar feuchter, jedoch nicht nasser Kompost ist optimal. Im feuchten Material können die Mikroorganismen ihre Arbeit leisten, während die trockenen Bestandteile, wie Äste, Holzhäcksel und Laub, dafür sorgen, dass die Luft zirkulieren kann und es nicht zu nass wird. Bei starker Nässe entstehen sonst üble Gerüche und es kann sogar schimmeln.

Zum Kompostieren eignen sich
- Gartenabfälle wie: zurückgeschnittene Pflanzenteile aller Art, Rasenschnitt, Grünhäcksel, zerkleinertes Wildkraut, dünnere Äste, Laub.
- Organische Küchenabfälle wie: Gemüsereste, Kartoffelpelle, Kaffeesatz, Teebeutel, Obstschalen.
- Geeignet sind auch: Gesteinsmehl, Kalk, Bentonit.

Besonders gut für den Kompost
- **Brennnesseln** bereichern den Kompost mit Nährstoffen (Stickstoff).
- **Beinwell** ist ein hervorragender Kompostbeschleuniger und ebenso Nährstofflieferant.
- **Holzasche** enthält Kalium und ist reich an Spurenelementen, außerdem bindet sie Gerüche.

Was nicht in den Kompost gehört
Brotabfälle, Pflanzenteile von stark erkrankten Pflanzen, wie Tomaten, die Braunfäule hatten, zu dornige, zu harte und feste Materialien, Asche von Briketts, alles, was irgendeine künstliche Beschichtung hat oder giftige Bestandteile beinhaltet. Orangen- und Zitronenschalen sollten nur stark zerkleinert und in kleinen Mengen oder gar nicht auf den Kompost kommen.

Bald ist der Kompost im Garten einsetzbar: Bei einem sehr warmen Sommer kann man schon nach fünf Monaten die halbreife Komposterde benutzen. Nach einem halben bis dreiviertel Jahr ist der Kompost

DER BIOVEGANE TIPP
Es empfiehlt sich, Kompost selbst anzusetzen. Material aus einem Kompostwerk sollte nur die Notlösung sein, wenn man noch keinen eigenen Kompost besitzt. Kompost aus dem Kompostwerk ist kaum biovegan, da er selten aus ökologischem Anbau stammt. Und dass er wirklich rein pflanzlich ist, weiß man beim Kompost im eigenen Garten ganz gewiss.

normalerweise gebrauchsfertig und nach einem Jahr spricht man von reifem Kompost.

Der halbreife Kompost kann als sogenannter **Mulchkompost** verwendet werden. Kompost ist reif, wenn er sich in braune Erde verwandelt hat.

Wie düngt man mit Kompost?

Man liest oft »Kompost in die Erde einarbeiten«. Doch wie geht das genau? Um die Beete vorzubereiten, verteilt man Kompost locker auf dem Beet und bringt ihn anschließend mit dem Grubber leicht in den Boden ein. Auch beim Einpflanzen wird der Kompost nur oberflächlich in die Erde eingebracht. Organische, aktive Materialien jedoch nie zu tief in den Boden einarbeiten, sie brauchen zur Verrottung Luft.

Wenn man später die Pflanzen direkt düngen möchte, lockert man behutsam die Erde um die Pflanzen und harkt den Kompost rundherum ein.

Halbreifer Kompost ist nur teilweise zersetzt und sollte wegen Fäulnisgefahr nicht eingegraben werden oder mit Wurzeln in Berührung kommen. Man mulcht mit ihm zwischen den Beetreihen und deckt ihn mit etwas Grasschnitt ab.

Düngung im biveganen Garten

Der Unterschied zwischen bioveganer und biologischer Gartenpraxis wird beim Düngen ganz besonders deutlich. Die Suche nach veganen Düngemitteln im Handel lässt sich gut mit der nach veganen Lebensmitteln im Supermarkt vergleichen. So wie ich Zutatenlisten von Kekspackungen studierte und diese wieder ins Regal gestellt habe, weil ich das Wort »Vollei« oder »Butterreinfett« las, so studierte ich mit blinzelnden Augen oder einer Brille die Packungen von Düngeprodukten.

Veganer fragen sich oft, warum etwa bei vielen Lebensmitteln Vollei als Bindemittel enthalten ist, obwohl es doch so viele pflanzliche Alternativen gäbe. Genauso ging es mir bei Düngern mit Knochenmehl.

Den Preis zahlen die Tiere

Die Antwort ist wohl, dass die Herstellung dadurch günstiger ist als mit pflanzlichen Stoffen, weil die Produktion schon lange danach ausgerichtet ist und weil die tierischen Stoffe billig zu haben sind. Nur dass die Tiere dafür teuer bezahlen, das wird oft vergessen.

Da die Abfälle aus der Tierproduktion Stoffe enthalten, die Pflanzen für ihr Wachstum benötigen und die außerdem billig sind, findet man diese überall in den Düngemitteln. Und das, obwohl man diese Nährstoffe, wie etwa den Stickstoff, auch rein pflanzlich verabreichen kann, zum Beispiel mit Hilfe von Brennnesseln. Stattdessen werden auch im ökologischen Landbau tierische Inhaltsstoffe für diese Zwecke eingesetzt.

Traurig, aber wahr

In den Produkten, und damit in den Gärten und auf den Beeten, findet man Schlachtabfälle wie Knochenmehl, Blutmehl, Fischmehl, Horn und Haarmehlpellets. Da diese Zutaten noch nicht einmal deklariert werden müssen, verstecken sich die tierischen Stoffe oft hinter der allgemeinen Bezeichnung **»NPK-organischer Dünger«**. »NPK« ist die Abkürzung für die drei wichtigsten Nährstoffe der Pflanzen, Stickstoff, Phosphor, Kalium. Aufpassen sollte man auch bei gekaufter Pflanzenerde, die oft leicht vorgedüngt ist. Es kann sich zum Beispiel Haarmehl hinter der Bezeichnung N (Stickstoff bzw. Nitrat) verstecken.

Die Hauptnährstoffe der Pflanzen

Die Hauptnährstoffe für das Bodenleben und die Pflanzen sind: (N) Stickstoff, (K) Kalium und (P) Phosphor. Stickstoff wird für das Wachstum und die Bildung von Eiweiß gebraucht, Phosphor für die Blüten- und Fruchtbildung, Kalium regelt den Wasserhaushalt, stärkt das Gewebe und ist ebenso für die Fruchtbildung wichtig.

Leckere Tomaten und Gurken aus meinem Garten, reichlich mit Beinwelljauche gedüngt.

WAS BRAUCHEN PFLANZEN?

Pflanzen brauchen keine tierischen Stoffe. Sie wachsen mit Hilfe von Sonnenlicht, Regen und Kohlendioxid, aus dem sie Kohlenstoff bilden. Außerdem brauchen sie Stickstoff aus der Luft und Mineralien aus dem Boden.

Viel Humus, weniger Düngemittel

Humus sorgt für einen lebendigen, gesunden Boden, in dem das Gemüse wächst und gedeiht! Doch etwas genauer betrachtet: Was ist Humus eigentlich und wie entsteht er?

Humus entsteht durch die Pflanzen selbst – durch die Umwandlung abgestorbener Pflanzenreste mit Hhilfe des Bodenlebens. Der Boden wird dabei mit organischen Stoffen angereichert.

Die verrottenden Stoffe werden von Millionen von Bodenlebewesen und Kleintieren wie dem Regenwurm zerkleinert, verdaut, abgebaut, aufgelöst und somit als Nährstoff für die Pflanzen verfügbar gemacht. Im Garten wird Humus durch Kompostgaben, durch das Mulchen oder durch die Gründüngung zugeführt.

In einem humusreichen Boden ist dadurch die Nahrung, die Pflanzen zum Wachsen brauchen, schon reichlich vorhanden. Und das angebaute Gemüse oder Obst hat diese Nahrung bereits ab dem Moment, wenn es eingepflanzt wird, zur Verfügung.

Vegan und Bio

Um wieder auf den Vergleich mit der veganen Ernährung zurückzukommen: Ich bin gelernte Naturkostfachberaterin und habe von Anfang an bei der veganen Ernährung immer nach vollwertigen Alternativen gesucht. Das lässt sich gut anhand des Eiersatzes erklären: Als Eiersatz zum Backen in der Vollwertküche nimmt man statt Fertigprodukten beispielsweise Apfelmus, Leinsamenschrot oder Biosojamehl, das mit Wasser angerührt wird. Obwohl ich betonen möchte, dass die Fertigprodukte nicht ungesund sind – sie sind eben nur nicht vollwertig. Und ganz aus dieser Gewohnheit heraus habe ich für den Garten nach Düngemitteln gesucht, die vegan, natürlich, regional und für den Bioanbau geeignet sind. Und ich wurde überraschend schnell fündig.

Biovegane Düngemittel gibt es schon einige im Handel, und es werden immer mehr!

WARUM EIGENTLICH DÜNGEN?

Was ist Düngen eigentlich? Der Begriff »Düngen« bedeutet, dem Boden Nährstoffe zuzuführen. Warum füttert man den Boden, holt er sich nicht die Nährstoffe selbst?
Nährstoffe fehlen dem Boden, weil die Pflanzen, die in ihm wachsen, ihm diese entziehen. Beim Düngen gibt man diese Stoffe dem Bodenleben zurück. Dabei ist der unterschiedliche Nährstoffbedarf der einzelnen Kulturen zu berücksichtigen.
Im bioveganen Garten bedient man sich dazu in erster Linie den Methoden des **Mulchens** sowie der **Kompostzufuhr** und der **Gründüngung**.

Eine gute Entdeckung oder man lernt nie aus

Schnell wurde mir etwas klar, das die Suche nach Biopflanzendüngern sehr erleichterte: Die besten veganen Düngemittel finde ich in meinem eigenen Garten! Es ist schließlich auch eine Art »Düngung«, wenn ich mit Pflanzenmaterial mulche oder wenn ich den Boden durch eine Beigabe mit Kompost anreichere. Nun wusste ich, dass man nicht unbedingt einen Dünger zu kaufen braucht, um biovegan zu gärtnern, denn es gibt andere Möglichkeiten, um zu düngen, und ganz viele davon sind komplett vegan! Regionaler und umweltbewusster als aus dem eigenen Garten geht es auch für einen echten »Öko« nicht!

Doch auch im Handel bin ich fündig geworden. Es gibt Hersteller mit einer größeren Auswahl an veganen Düngemitteln, u. a. mit rein pflanzlichem Flüssigdünger und Pflanzenpellets. Auch trendige neue Unternehmen gingen kürzlich mit veganem Dünger an den Start und wurden dafür sogar ausgezeichnet. Die vielfältigen Möglichkeiten des Düngens werde ich im Nachfolgenden beschreiben, besonders auch die eigene Herstellung von natürlichem Dünger.

Gründüngung

Der Begriff »Gründüngung« ist vielleicht erst einmal verwirrend, denn es handelt sich nicht um ein Düngemittel aus grünen Blättern oder Gras, wie ich früher dachte. Bei einer Gründüngung wird der Boden von nicht bepflanzten, frei stehenden Beetflächen durch darauf ausgesäte Pflanzen beschattet und mit Nährstoffen versorgt. Für die Gründüngung werden beispielsweise Leguminosen (siehe Seite 18) ausgesät; sie binden Stickstoff und lockern den Boden. Außerdem gibt es auch noch sogenannte Untersaaten, beispielsweise wird Klee unter Getreide gesät, um es vor Mehltaubefall zu schützen.

Von Vorteil ist es, die abgeernteten, über den ganzen Winter frei stehenden Flächen mit einer Gründüngung zu bedecken. Sie schützt den Boden vor Witterungseinflüssen und verhindert eine Nährstoffauswaschung.

Vor der Blüte oder im Frühjahr werden die Gründüngungspflanzen abgeschnitten und als wertvoller Mulch zum Verrotten auf dem Beet liegen gelassen. Die Wurzeln bleiben im Boden. Alternativ kann man die Pflanzenteile auch oberflächlich einarbeiten oder kompostieren.

Gründüngungspflanzen sind unter anderem Lupinen, Phacelia (Bienenfreund), Ölrettich, Rotklee, Senf und Spinat.

Schon bei der Beetplanung ist es vorteilhaft, sich zu überlegen, was man im nächsten Jahr anpflanzen möchte, und danach die Art der Gründüngung zu planen. Da ich als Gartenanfänger nicht alle Eigenschaften der Pflanzenfamilien auswendig kenne, finde ich die Beschreibungen auf den Saatgutpackungen sehr hilfreich. Die Eignung der Gründüngungssaat und für wie viel Beetfläche sie ausreicht wird dort detailliert beschrieben. Die Packungen und Saattütchen gibt es in Größen bis zu mehreren Kilogramm. Der Bioversandhandel bietet inzwischen sehr gute fertige Gründüngungsmischungen an (Adressen siehe Seite 140).

Gründüngung

Aussaatzeit/Eignung	Pflanze
Frühjahr	Ackerbohne, Bienenfreund, Senf, Wicken
Sommer	Ackerbohne, Bienenfreund, Bitterlupine, Erbsen, Klee, Luzerne, Ölrettich, Senf, Sonnenblumen, Wicken
Herbst	Luzerne, Senf, Spinat, Winterroggen
Als Zwischensaat	Spinat
Als Untersaat	Klee

Darauf achten, keine Pflanzen aus der gleichen Pflanzenfamilie nacheinander auf dem gleichen Beet anzupflanzen (also etwa keine Ackerbohnen, wenn man danach Erbsen anbauen möchte). Bienenfreund *(Phacelia)* ist mit keiner Kultur verwandt, also bei jeder geplanten Kultur verwendbar, und ist, wie der Name schon sagt, eine gute Bienenweide.

Sonnenblumen sind als Gründüngung gut bei verdichteten Tonböden, da sie tief wurzeln.

Düngung nach Bedarf

Eine Einteilung in Stark-, Mittel- und Schwachzehrer ist sehr hilfreich.

Starkzehrer benötigen mehr Stickstoff und Nährstoffe. Deswegen ist eine stärkere Nachdüngung notwendig als bei Mittelzehrern. Die Schwachzehrer werden kaum oder gar nicht gedüngt.

Starkzehrer: Brokkoli, Gurken, Kartoffeln, Kohl, Kürbis, Lauch, Sellerie, Tomaten, Zucchini.

Bienenfreund *(Phacelia,* oben) als Gründüngung ist praktisch, er verträgt sich mit fast allen Kulturen.

Mittelzehrer: Fenchel, Knoblauch, Möhren, Radieschen, Salate, Spinat, Zwiebeln.

Schwachzehrer: Kräuter außer Liebstöckel und Leguminosen wie Erbsen, Stangenbohnen und Buschbohnen.

Pflanzenjauchen – ein veganer Naturdünger aus dem Garten

Für das regelmäßige Düngen gerade von Starkzehrern wie Tomate oder Kürbis sind Pflanzenjauchen optimal. Sie sind ein wirkungsvoller Dünger für die Nährstoffversorgung und dienen zugleich der Stärkung. Jauchen lassen sich einfach selbst herstellen. Im ersten Gartenjahr war ich noch unsicher, wie ich Pflanzenjauchen an- und einsetzen soll, habe dann aber schnell gemerkt, wie leicht es ist und wie gut sie den Pflanzen bekommen. Jetzt macht es sogar Spaß!

Dem Brokkoli bekommt das Düngen mit Pflanzenjauchen ausgesprochen gut.

DER BIOVEGANE TIPP

Besonders wirkungsvoll ist auch eine gemischte Jauche aus 50:50 Brennnesseln und Beinwell. Sie ist gut geeignet für Sellerie, große Kohlarten sowie für Tomaten und Zucchini zur Fruchtbildung. Täglich im Bodenbereich um die jeweiligen Pflanzen herum 1:20 verdünnt mit der Mischjauche gießen.

Die diversen Pflanzenjauchen, die 1:10 mit Wasser verdünnt je nach Bedarf als Stickstoff- oder Kaliumzugabe dienen können, sind wirklich ein wunderbarer biovaganer Dünger und außerdem noch kostenlos. Es gibt zahllose Rezepte und Tipps dazu in Foren, Büchern und Gartenzeitungen. Ich konnte natürlich nicht alle ausprobieren. Hier stelle ich meine Sammlung an Rezepten vor. Es sind diejenigen, mit denen ich gute Erfahrungen in meinem Garten gemacht habe und die ich deshalb weiterhin verwende:

Rezepte für biovegane Pflanzenjauchen

Beinwell- und Brennnesseljauche
(= Grundrezept für Jauchen)

- Handschuhe anziehen.
- Etwa 1 kg Beinwell oder Brennnesseln pflücken; es können Blätter und Stiele verwendet werden.
- Die Pflanzenstücke locker in einen Behälter aus Holz, Stein oder Kunststoff legen.

Wichtig: Zum Ansetzen von Jauchen keine Metallgefäße verwenden, da sonst gefährliche chemische Verbindungen entstehen können.

- Mit 10 Liter Regenwasser auffüllen.
- Etwas Gesteinsmehl hinzugeben, das mindert

Düngung im biveganen Garten 31

DER BIOVEGANE TIPP
Kohljauche ist eine Vitaminspritze! Sie ist für alle Kulturen geeignet und kann besonders das Wachstum von Bohnen ankurbeln.

den Geruch, denn es bindet das durch Gärung entstehende Ammoniak.
- Den Behälter mit einem Netz oder Gitter abdecken, er könnte sonst eine Falle für Tiere werden (Ertrinkungsgefahr für Eichhörnchen, Katzen, Vögel oder andere Tiere)!
- Den Behälter an einem warmen Ort im Garten aufstellen und täglich mit einem Holzstock umrühren.

Nach einer Woche ist die Jauche vergoren. Man sieht es auch daran, dass sie dunkel ist und nicht mehr schäumt. Das Gefäß nun mit einem Deckel abdecken.

Flüssigdünger: Die fertige Jauche kann ab jetzt 1:10 verdünnt in der Gießkanne als Flüssigdünger verwendet werden. Damit gießt man im Wurzel- und Bodenbereich der Pflanzen.

Blattdünger: Bei Verwendung als Blattdünger die Jauche filtern und im Verhältnis 1:20 verdünnt direkt auf die Blätter sprühen. Brennnesseln enthalten u. A. relativ viel Kieselsäure, die der Stärkung gegen Pilzbefall dient.

Dieses Grundrezept kann auch zur Herstellung von Jauche aus Ackerschachtelhalm, Farnkraut und anderen wirkstoffreichen Pflanzen verwendet werden.

Kohljauche
1 kg Blätter von Grünkohl, Wirsing oder Weißkohl mit 5 Litern Regenwasser mischen. Das Vergären dauert etwas länger als bei Brennnesseln, nach guten 2 Wochen ist die Jauche vergoren und kann nun 1:10 verdünnt als Flüssigdünger verwendet werden.

Beinwelljauche: 1 Für die Zubereitung kann man die ganzen Pflanzenteile verwenden. **2** Man füllt sie in ein Gefäß und gießt mit Regenwasser auf. **3** Gesteinsmehl mindert unangenehme Gerüche bei der Vergärung.

Biovegane Gartenpraxis

EMPFEHLUNG FÜR VEGANE BALKONGÄRTNER

Nicht jeder hat Platz für einen Jauchebottich oder Kompost, besonders nicht auf dem Balkon. Alternativ eignen sich ein Dünger aus Malzkeimen oder veganer Gemüse- und Kräuterdünger, der für den Bioanbau geeignet ist (Bezugsquellen siehe Seite 140). Ebenso gibt es Gärtnereien, die fertigen Ackerschachtelhalmextrakt anbieten. Fragen Sie nach, vieles kann dort auch extra bestellt werden.

Brennnesselblätter und Ackerbohnenschrot statt Hornspänen

Für die Düngung der Pflanzen sorgt man schon beim Einpflanzen. So fügt man zum besseren Wachstum der Jungpflanzen Kompost hinzu, indem man ihn oberflächlich in die Erde einarbeitet. Im biologischen Garten werden oft Hornspäne als Beigabe in das Pflanzloch empfohlen. Alternativ benutzt man im biovegane Garten dazu die Kraft von Brennnesseln oder aber Ackerbohnenschrot.

DER BIOVEGANE TIPP

Zerkleinerte Brennnesselblätter oder eine Hand voll Ackerbohnenschrot in das Pflanzloch geben, leicht mit Erde bedecken und diese anfeuchten. Die Wirkstoffe werden aus dem so entstandenen Depot langsam abgegeben. Sie wirken in dieser Form wie ein Langzeitdünger. Brennnesselblätter und Ackerbohnen können so die sonst häufig empfohlenen Hornspäne komplett ersetzen.

Jauche aus ausgegeizten Tomatentrieben und Tomatenblättern

500 Gramm Pflanzenteile mit 5 Liter Regenwasser vermischen. Täglich umrühren. Nach einer Woche ist die Jauche gebrauchsfertig. Sie ist ein guter Dünger für Tomaten und Lauch. Im Mischungsverhältnis 1:20 einmal monatlich damit gießen.

Plastikbottich mit Brennnesseljauche. Diese rührt man täglich mit einem Holzstab.

Den Jauchebottich mit einem Gitter abdecken, damit keine Tiere darin ertrinken können.

Beinwell – ein Schatz im eigenen Garten

Beinwell *(Symphytum officinale),* auch Comfrey, Bienenkraut, Beinwurz oder Wallwurz genannt, ist vielseitig verwendbar, etwa als Dünger in Form von verdünnter Pflanzenjauche oder als Kompostbeschleuniger. In der Pflanzenheilkunde werden die besonders wirkstoffreichen Wurzeln meist in Form von Salben verwendet, etwa um Knochenbrüche oder Beinhautschwellungen zu heilen. Aber gerade wenn es um das Düngen geht, ist der Beinwell ein wahrer Schatz im Garten.

Wer schon versucht hat, vegane Düngemittel im Handel zu finden, weiß, dass dies manchmal zu einer wahren Odyssee führen kann. Und mit dem Beinwell wächst der Dünger einfach im Garten!

Auch die Hummeln mögen den Beinwell. Und außerdem ist er einfach wunderhübsch anzusehen mit seinen lila und rosafarbenen Blüten.

DER BIOVEGANE TIPP
Warum ist Beinwell so gut für die Pflanzen? Beinwell entzieht dem Boden während des Wachstums zahlreiche Mineralien, die in den Blättern gespeichert werden. Dadurch ergibt später die Pflanze einen besonders reichhaltigen Mulch oder Dünger!

Mit Beinwell wächst der Dünger im Garten, dazu ist er noch eine wirklich hübsche Pflanze!

Beinwelljauche als Dünger

Pflanzenjauche lässt sich kinderleicht aus Beinwell zubereiten (siehe Seite 30). Vor allem Starkzehrer wie Zucchini und Kürbis freuen sich über diesen mineralstoffreichen Dünger.

Dünger aus Beinwellmulch

Ganze oder zerschnittene Blätter einfach auf dem Boden schichtartig verteilen. Als Versuch habe ich sie neben die Pflanzlöcher von Feuerbohnenwurzeln, unter Stachelbeeren und einer Japanischen Weinbeere gelegt. So können die Wirkstoffe langsam in den Boden übergehen. Dies klappt wunderbar, die Blätter waren schon nach ein paar Tagen verrottet und die ersten Bohnen wuchsen kräftig.

Beinwell als Kompostbeschleuniger

Nach der Blüte auf 10 cm herunterschneiden und auf den Kompost legen, das bringt diesen richtig auf Touren! Zusätzlich reichern seine Blätter den Kompost mit den wertvollen Inhaltsstoffen an.

Beinwellblätter enthalten viel Eiweiß und Allantoin. Sie können auch gegessen werden. Allerdings wegen des Gehalts an schädlichen Pyrrolizidinalkaloiden nur in geringen Mengen! Sie lassen sich etwa in Teig eingebacken oder, wie man es von Wirsing kennt, zum Umwickeln von veganen Füllungen benutzen. Früher wurde aus Beinwellblättern in Österreich Tabak hergestellt.

Beinwell lässt sich leicht im Garten ansiedeln. Er braucht feuchten Boden, ist pflegeleicht und kann sogar bis zu 20 Jahre alt werden.

Es stimmt wirklich: Beinwell als Beschleuniger bringt den Kompost so richtig auf Touren!

Brennnessel, ein oft unterschätztes Gartenjuwel

Die vielseitige Brennnessel *(Urtica dioica)* ist eine krautige Pflanze, die weltweit vorkommt. Bestimmt hat jeder schon einmal die schmerzhafte Erfahrung gemacht, dass es heftig brennt, wenn man sie berührt. Die Pflanze hat borstige Haare an den Blättern, die als Schutzmechanismus an den Bruchstellen brennen. Auf der menschlichen Haut verursacht das austretende Nesselgift durch die Berührung Quaddeln. Darum ist die Brennnessel allgemein bei uns nicht besonders beliebt. Dabei gibt es mehr als einen Grund, warum gerade sie ganz besonders wertvoll ist. Für den Gärtner ist es interessant, dass die Brennnessel ein sogenannter Stickstoffanzeiger ist – sie gedeiht besonders auf stickstoffhaltigen Böden. In Form von Jauche kann man sie gut als Naturdünger einsetzen.

Nahrung für Schmetterlinge

Ein guter Grund ist, dass sie für beinahe 50 Schmetterlingsarten lebenswichtig ist, da sich deren Raupen von der Brennnessel ernähren. Als es Sommer wurde, kamen unzählige Schmetterlinge in unseren Garten. Auch das wunderschöne Pfauenauge zeigte sich auf den Alantblüten. Dies haben wir bestimmt unseren Brennnesseln zu verdanken.

Noch etwas Wunderbares: Aus den Stängeln der Brennnessel lassen sich Fasern gewinnen, aus denen man schöne Stoffe herstellen kann. Das Textil soll edel glänzen, etwa wie Seide. Vielleicht wird Brennnesselfaser ja einmal eine Seiden-Alternative?

Die Brennnessel ist eine der vielfältigsten Pflanzen, man sollte sie im Garten begrüßen.

> **SEIDE IST NICHT VEGAN**
>
> Seide wird von Veganern nicht getragen. Dafür gibt es triftige Gründe. Seide wird von Seidenraupen gewebt, weil diese ihre Kokons zur Verpuppung daraus spinnen. Die Raupen werden dafür in Massen gezüchtet. Wenn die Kokons fertig sind, werden sie mitsamt den darin lebenden Raupen in kochendes Wasser geworfen. So wird die Seide hergestellt. Ich trage daher viel lieber Brennnesselfasern!

Die Vielfältige

Junge Brennnesselblätter schmecken übrigens sehr gut, beispielsweise in einer Suppe oder blanchiert als Spinat. Sie enthalten Eisen, mehr Eiweiß als Sojabohnen und sieben Mal so viel Vitamin C wie eine Orange! Die Brennnessel wird auch in der Pflanzenheilkunde sehr geschätzt. Ein Tee aus Brennnesselblättern beispielsweise soll entgiftend wirken, er wird oft als eine Art Frühjahrskur getrunken. Bekannt ist auch ihre positive Wirkung auf die Haare, sie werden durch eine Brennnesselspülung schön glänzend. Das wissen auch die Hersteller von Naturkosmetik, denn sie bieten schon seit Jahren Bioshampoo mit Brennnesselextrakt an.

Brennnesselbier

Zum Schluss noch eine kuriose Entdeckung: Aus Brennnesseln lässt sich auch ein Bier brauen, das sehr gut schmecken soll. Rezepte dazu lassen sich zahlreich im Internet finden.
Ich weiß nicht, ob ich eine noch vielfältigere Pflanze als die Brennnessel kenne. Sie sollte einfach in keinem Garten fehlen!

Anbau

Die Brennnessel bevorzugt einen nährstoffreichen Boden, wächst jedoch fast überall. Ihre Samen einfach ab April ausstreuen.

Pflege

Brennnesseln benötigen kaum Pflege, sie sind anspruchslos und laugen den Boden nicht aus. Die Pflanze ist sehr genügsam, nur bei starker Trockenheit sollte man sie gießen. Wenn man Brennnesseln einmal in den Garten geholt hat, braucht man sie nicht mehr neu auszusäen.

Brennnesselernte für die Verwendung als Mulch und zur Herstellung von Jauche.

✗ JA! Ich bestelle die nächsten 3 Ausgaben für nur 9,90 €.
Das Buch »Gartenkräuter« bekomme ich geschenkt.

Wenn mich kraut&rüben überzeugt, brauche ich nichts tun. Ich lese dann zum Jahres-Vorzugspreis von 55,50 € (A 62,20 €, CH 83,– SFr) weiter. Da ich nach dem 1. Bezugsjahr jederzeit kündigen kann, lese ich ohne Risiko.

Ansonsten genügt bis spätestens 14 Tage nach Erhalt der 3. Ausgabe eine Mitteilung an den Verlag.

| Name, Vorname |
| Straße, Nummer |
| PLZ, Ort | KUR13BLV/41 |
| Tel.-Nr., E-Mail |

☐ Ich bin damit einverstanden, dass mich die Deutscher Landwirtschaftsverlag GmbH schriftlich, telefonisch oder per E-Mail über ihre Produkte und Dienstleistungen informiert und zu diesem Zwecke meine personenbezogenen Daten nutzt und verarbeitet. Ich kann diese Zustimmung jederzeit gegenüber der Deutscher Landwirtschaftsverlag GmbH, Lothstr. 29, 80797 München per E-Mail unter kundenservice@dlv.de oder per Fax unter +49(0)89-12705-586 widerrufen.

Die Deutscher Landwirtschaftsverlag GmbH verarbeitet meine Daten in maschinenlesbarer Form. Die Daten werden vom Verlag genutzt, um mich mit den bestellten Produkten zu versorgen.

Datum, Unterschrift

Karte abschicken oder gleich bestellen unter:
Tel. +49(0)89/12705-214, Fax -586, leserservice.kur@dlv.de

dlv Die Medienkompetenz für Land und Natur

www.krautundrueben.de

Bitte freimachen, falls Marke zur Hand.

Deutsche Post
WERBEANTWORT

Deutscher
Landwirtschaftsverlag GmbH
kraut&rüben-Leserservice
Postfach 40 05 80
80705 München
Deutschland

36481-13 ES

Vegane Düngemittel im Handel

Es gibt erfreulicherweise im Handel immer mehr rein pflanzliche Dünger. Beispiele sind Dünger aus Gerstenmalzkeimen oder ein Gemüse- und Kräuterdünger auf der Basis von Vinasse, die bei der Zuckerrübenverarbeitung anfällt.

Sehr wirkstoffreich ist ein bioveganer Dünger, dessen Hauptbestandteile Malzkeime sind. Wenn Gerste gemälzt wird, muss sie vorher keimen. Der höchste Nährstoffgehalt einer Pflanze ist im Keim einer Pflanze enthalten, etwa auch Enzyme, weil diese für das Wachstum gebraucht werden. Diese Kraft wird in diesem Dünger nun gebündelt.

Die meisten veganen Düngeprodukte werden aus Pflanzenkombinationen und pflanzlichen Abfällen aus der Lebensmittelproduktion hergestellt. Es werden auch speziell deklarierte vegane Düngemittel angeboten, die für den Bioanbau geeignet sind. Manche Produkte laufen unter der Bezeichnung »**Veggiedünger**«.

Wie bereits eingangs beschrieben, können sich tierische Bestandteile hinter der Bezeichnung »NPK-organischer Dünger« verstecken. Wenn man sich nicht sicher ist, ob ein Produkt vegan ist, sollte man lieber beim Hersteller nachfragen.

Als vegane Bodenverbesserer sind auch EM Effektive Mikroorganismen, Terra Preta, Holzasche und Gesteinsmehl bestens geeignet.
- **Effektive Mikroorganismen** sind eine Mischung aus Pilzen, Hefen und Bakterien, die wichtige Umbauprozesse in der Erde in Gang setzen.
- **Terra Preta** (schwarze Erde) ist eine nährstoffreiche Erde, u.a. aus Holzkohle, Steinmehl und Effektiven Mikroorganismen.
- **Holzasche** beispielsweise enthält viel Kalium, Spurenelemente und Mineralstoffe.

DER BIOVEGANE TIPP
»Veggiedünger« sind nicht immer für den Bio-Anbau geeignet. Wer »bio« und zugleich »vegan« anbauen möchte, sollte darauf achten.

Ackerbohnenschrot – eine gute Sache

Im großflächigen biovegansen Gemüseanbau wird Ackerbohnenschrot gerne verwendet. Ackerbohnen gehören zu den Leguminosen (siehe Seite 18). Die Samen enthalten etwa 4,5 % Stickstoff. Sie werden fein geschrotet und können so als Dünger verwendet werden. Damit sich der Stickstoff lösen kann, sollte der Boden regelmäßig gewässert werden. Die Düngewirkung tritt nach 14 Tagen ein.

Urgesteinsmehl sorgt für ideale Bodenverbesserung und kann auch dem Kompost beigegeben werden.

Einige biovegane Selbstversorger bauen *Ackerbohnen* an und schroten sie in einer Getreidemühle. Für den veganen Hobbygärtner kann Ackerbohnenschrot auch in kleinen Mengen über das Internet bestellt werden. Bezugsquellen siehe Seite 140.

Biovegan versus biologisch anbauen

Biogärtner glauben häufig, dass ohne tierische Stoffe nichts richtig wachsen würde.

Ich habe von Anfang an vegan angebaut und kann deshalb als Antwort auf diese These einfach einen Korb voll frisch geerntetem Obst und Gemüse aus meinem Garten für diese tierleidfreie Anbaumethode sprechen

Ackerbohnenschrot statt Hornspänen – eine natürliche und tierfreundliche Alternative.

DER BIOVEGANE TIPP
Hornspäne sind übrigens nicht nur aus Hörnern, sondern meistens aus den Splittern der Klauen getöteter Tiere hergestellt.

lassen. Der tatsächliche Gewinn beim biovegangen Gärtnern ist einfach das bessere Gefühl! Ich persönlich kann beispielsweise einen Salat, der mit Brennnesselblättern »gefüttert« wurde statt mit Hornspänen, mit mehr Freude und gutem Gewissen essen!

Gemeinsamkeiten

Eine gute Gemeinsamkeit gibt es beim Düngen im Biogarten und biovegangen Garten: Es werden bei beiden Anbauweisen keine synthetischen Volldünger verwendet, wie sie auch manch bekannte große Firmen vertreiben. Viele dieser Düngemittel nähren kurzfristig die Pflanze und nicht den Boden. Oft ist der Boden durch solche Dünger ausgelaugt und das künstlich aufgepumpte Gemüse schmeckt wässrig.

Dung, Mist, Guano

Auch Tiermist und Exkremente möchte ich schon aus Gesundheitsgründen nicht in meinem Garten als Pflanzennahrung einsetzen, man denke an Antibiotikaresistenz und multiresistente Keime. Und für Guano wird zwar kein Tier gequält, aber er wird von weither importiert und ist deswegen nicht ökologisch. Außerdem kommt keiner der Nährstoffe, die für die Bodenfruchtbarkeit sorgen, ursprünglich vom Tier.

Die Nährstoffe im tierischen Mist, die von Bedeutung für die Bodenfruchtbarkeit sind, haben ihren Ursprung in den verfütterten Pflanzen! Und hinzu kommt noch, dass die Tiere ja nur einen Teil der Nährstoffe wieder ausscheiden. Fazit: Pflanzen sorgen ohne den Umweg über Tiere noch besser für die Bodenfruchtbarkeit. So wird es übrigens auch in der biovegangen Landwirtschaft gemacht: Pflanzen werden nicht verfüttert, sondern direkt kompostiert bzw. als Mulch oder Gründüngung verwendet.

Durch den Garten lernen

Mit der Zeit lehrt einen der Garten selbst einiges und durch Beobachtung erkennt man Zusammenhänge. Man lernt u. a., Symptome zu deuten. Wenn eine Pflanze beispielsweise plötzlich gelbliche Blätter bekommt, liegt es meist daran, dass sie über zu wenig Stickstoff verfügt. Dann gieße ich sie mit verdünnter Brennnesseljauche.

So entwickelt sich beim Gärtnern bald ein Gefühl für die richtige Menge und Art des Düngens. Aufgrund der unterschiedlichen Boden- und Klimabedingungen sowie der verschiedenen Geschmäcker bei der Gestaltung ist jeder Garten etwas Einzigartiges und Besonderes. Jeder findet daher mit der Zeit seine Lieblingsmethoden bei der Gartenarbeit und seine Lieblingsrezepte für Düngerherstellung, Mulchen etc. – ähnlich wie bei individuellen veganen Milchalternativen. Der eine bevorzugt Hafermilch, der andere bäckt vielleicht lieber mit Mandel- oder Sojamilch, jeder findet bald seine Favoriten. Und ganz so ist es mit den pflanzlichen Düngemitteln.

Und das Schöne ist: Jeder wird früher oder später mit bioveganem Gemüse aus dem eigenen Garten belohnt!

Mein bioveganes Gemüsebeet im Sommer verspricht reiche Ernte.

Pflanzenschutz im biveganen Garten

Im biveganen Garten versucht man, die Pflanzen auf sanfte Weise vor Krankheiten und »Schädlingen« zu schützen. Ein sehr wichtiger Teil dabei ist die bestmögliche Vorbeugung, damit die Pflanzen möglichst gestärkt wachsen und so weniger anfällig für einen Befall sind.

Pflanzenschutz durch Vorbeugung

Jede Pflanze versucht sich im Grunde selbst vor möglichen »Angriffen« zu schützen. Wir können ihr jedoch die besten Voraussetzungen dafür bieten, sie möglichst vital und widerstandsfähig halten. Wie sieht das in der Praxis aus? Man gibt der Pflanze den richtigen Standort, die passende Pflege und einen fruchtbaren Boden. Und man benutzt niemals Gift. So kann sie sich gut entwickeln und genügend Abwehrkräfte bilden. Vorbeugende Maßnahmen können dafür sorgen, dass die Pflanze widerstandsfähiger wird. Eine kräftige Pflanze wird nicht bei jedem Pilzbefall absterben und sogar Schnecken fressen lieber geschwächte Pflanzen.

Pflanzenschutz mit Umsicht und Geduld

Mit Umsicht schützen bedeutet, dass man, wenn eine Pflanze krank ist, nicht gleich die sich zeigenden

Gemüsegarten mit Ringelblumen: Auch mit sanftem Pflanzenschutz kann alles prächtig gedeihen.

Symptome bekämpft, sondern zu verstehen versucht, was zu diesem Zustand geführt hat. Nehmen wir an, ein Insekt hat große Fraßschäden am Wirsing angerichtet. Man könnte sich nun überlegen: Wie kommt es dazu, dass dieses Insekt in so großer Zahl in meinem Garten auftaucht? Habe ich mein Gemüse auf dem Beet zu einseitig angebaut? Dadurch könnte beispielsweise ein und dieselbe Insektenart in großer Zahl angelockt worden sein. Als Abhilfe könnte man überprüfen, ob man das Mischkultur-Prinzip genügend beachtet hat. Und man könnte nun zusätzlich andere Pflanzen anbauen, die wiederum andere Insekten anziehen. So wird im bioveganen Garten statt einer einseitigen, auf Vernichtung abzielenden Bekämpfung versucht, die Ursache herauszufinden und Abhilfe zu schaffen.

Artenvielfalt ist das beste »Pflanzenschutzmittel«

Umsichtig und nachhaltig ist es, den Artenreichtum im Garten zu fördern. Das kann man tun, indem man unterschiedliche Lebensräume im Garten erschafft. Man überprüft etwa: Habe ich genug Hecken, Wildwuchsstreifen, hohes Gras sowie Laub- oder Totholzhaufen angelegt? Dort können beispielsweise Blindschleichen, Igel und Käfer einen Rückzugsort vorfinden. Die Nahrung dieser Tiere sind wiederum Insekten, Schnecken und deren Eier (mehr dazu siehe Seite 112). Man fördert damit also die natürlichen Gegenspieler.

Diese Versuche, ein Gleichgewicht herzustellen, sollten immer ganz behutsam sein. Ein zu starkes Eingreifen oder eine zu ausgeprägte Nützlinge-gegen-Schädling-Strategie hat immer auch etwas Kurzsichtiges. Der Mensch kann oft gar nicht vorausberechnen, was eine kleine Handlung nach sich ziehen kann. Und ich gehe, besonders als Veganer, ja davon aus, dass kein Lebewesen auf der Welt ist, nur um bekämpft zu werden. Auch nicht, wenn ich die Kohlköpfe auf dem Beet »bedroht« sehe!

Pflanzenschutz durch Zäune und Netze

Die dritte Herangehensweise ist der mechanische Schutz. Beispiele dafür sind die Schneckenzäune, aber auch die sogenannten Kulturschutznetze, die man über die Gemüsepflanzen legt. Die Netze sollte man gut an den Boden andrücken und zusätzlich am Rand mit Steinen beschweren.

Besonders empfehlenswert sind Hochbeete. Diese kann man beispielsweise mit einem Wühlmausschutz ausstatten, indem man ein entsprechendes Gitter im Bodenbereich einbaut. Zudem gibt es Drahtnetze, die um die Wurzeln von Pflanzen eingegraben werden, sowie Pflanzenhüte, die man als Schutz über einzelne Pflanzen stülpt.

Schneckenschutz durch Kulturschutznetz (oben) und durch selbst gebastelte Pflanzenhüte (unten).

Schnecken

Gleich vorweg: Ich gehöre zu den Schnecken-Absammlern und setze Schnecken immer an anderer Stelle wieder aus, meist noch mit einem Salatblatt als Proviant. Wenn man einmal beobachtet hat, wie Schnecken vor Schreck ihre kleinen Fühler einziehen und sich zusammenrollen, teilt sich einem unwillkürlich mit, dass sie doch auch leben wollen und vor uns einfach Angst haben. Dabei habe ich mich ertappt, wie ich beruhigend auf sie einrede, »Na, komm, ich tu dir nichts, dahinten ist es doch auch gut«.

Nichtsdestotrotz gebe ich zu, dass Schnecken im Garten ganz schön nerven können. Deshalb habe ich nach Möglichkeiten gesucht, wie ich Nacktschnecken vom Gemüse abhalten kann, ohne ihnen zu schaden. Beim Durchforsten des Internets und im Austausch in Gartengruppen habe ich sehr viel zum Thema »Sanfte Schneckenabwehr« gefunden. Bevor ich jedoch auf die zahlreichen Tipps eingehe, Schnecken abzuhalten oder loszuwerden, möchte ich fairerweise die Schnecken an sich kurz einmal vorstellen.

Die Rote Wegschnecke ist eine der häufigsten Nacktschnecken im Garten.

DER BIOVEGANE TIPP
Leere Schneckengehäuse sollte man immer im Garten liegen lassen. Die Gehäuse werden häufig von Glühwürmchen als Zuhause genutzt.

Schnecken sind viel mehr als nur Nervensägen

Wenn man sich einmal etwas näher mit Schnecken beschäftigt, gibt es überraschende und interessante Dinge zu entdecken. Ein vielleicht anfänglich vorhandener Widerwillen kann dann auch schnell verschwinden. Auch im Garten kann man verschiedene Schneckenarten beobachten, nicht nur die bekannte und häufige »Rote Wegschnecke«. Noch häufiger sieht man die ähnliche »Spanische Wegschnecke«, seltener die auffällig gemusterte »Tigerschnecke«, aber auch Gehäuseschnecken wie die große Weinbergschnecke findet man immer wieder.

Nacktschnecken sind übrigens »ehemalige« Gehäuseschnecken. Sie haben ihr Gehäuse im Laufe der Evolution nach und nach reduziert, sind dadurch beweglicher geworden und haben andere Schutzmechanismen gegen Trockenheit aufgebaut. Gehäuseschnecken wie die Weinbergschnecke sind übrigens im Gegensatz zu Nacktschnecken tagaktiv.

Schnecken wirken wie eine Art »Müllabfuhr« im Garten. Sie fressen alle abgestorbenen sowie schwachen Pflanzen und zum Beispiel auch Fallobst. Schnecken verbessern durch das Verdauen und Zersetzen dieser organischen Stoffe die Bodenfruchtbarkeit. Ihre Nahrung besteht zum Teil also aus »Abfällen«, die sonst auf dem Gartenboden liegenbleiben und verschimmeln würden. Durch das faulende Obst könnten sich unter Umständen sogar Pilzsporen einfinden und Krankheiten im Garten verbreiten. Bevor es dazu kommt, haben die Schnecken das Obst vertilgt.

Somit sind Schnecken also auch Helfer im Garten, weil sie u. a. Krankheitsherde vertilgen. Nur fressen sie eben auch allzu gerne das von uns angepflanzte Gemüse.

Die Lebensgewohnheiten der Schnecken

Die meisten Schnecken in unseren Gärten lieben Nässe ebenso wie Temperaturen um die 18 °C. Die Zeit ihrer Hauptaktivität ist daher auch nachts.

Die beste Zeit zum Gießen unserer Pflanzen ist ohnehin frühmorgens, und wenn man Schnecken im Garten hat, sollte man versuchen, diese Zeit strikt einzuhalten. Vormittags ist auch möglich, auf keinen Fall aber abends! Doch bei nassem Wetter hilft das nicht wirklich und so kann man in einem kühlen, verregneten Sommer auch mit vielen Schnecken im Garten rechnen.

Artenreichtum – die beste Abwehrmethode gegen Schnecken

Das beste und natürlichste Abwehrmittel gegen Schnecken ist es, für eine große Artenvielfalt der Tierwelt im Garten zu sorgen. Das kann man am besten, indem man verschiedene Lebensräume für die Tiere schafft. Einige heimische Tiere sind ja natürliche Feinde vieler Schnecken, wie zum Beispiel der Gartenschläfer, der Igel und manche Laufkäfer. Sie fressen nicht nur die Schnecken selbst, sondern auch deren Eier. Damit sorgt die Natur für ein Gleichgewicht und verhindert die Überpopulation einer einzelnen Art (siehe auch Seite 112).

Hilfreiche Tipps gegen Schnecken

Folgende sanfte Methoden habe ich aus Foren und Gartengesprächen zusammengestellt. Einige davon habe ich selbst ausprobiert, andere wurden dort sehr gelobt. Und bei einigen musste ich einfach schmunzeln.

Hilfreiche Pflanzen

Tipp: Ins Beet gepflanzte Kapuzinerkresse kann helfen, Schnecken abzuwehren, denn sie mögen das scharfe ätherische Senföl dieser Pflanze nicht. Schnecken sind ohnehin sehr geruchsempfindlich.

Ergebnis: Klappt manchmal, doch bei einer Gärtnerin kamen die Schnecken sogar extra wegen der Kapuzinerkresse bis auf den Balkon, um sie dort anknabbern zu können. Bei der Kapuzinerkresse in meinem Garten haben sie nur deren Blüten abgefressen, doch hielt sie die Kapuzinerkresse auch nicht davon ab, die nebenan wachsende Zucchini anzufressen.

Tipp: Weiteren Berichten zufolge hilft ein Sud aus Kapuzinerkresse oder Rhabarberblättern, den man auf die Pflanzen und das Beet sprüht.

Ergebnis: Tatsächlich weniger Schnecken auf dem besprühten Beet (siehe auch Seite 46).

Duftende Kräuter

Tipp: Stark duftende Kräuter auf die Beete pflanzen, deren ätherische Öle die Schnecken fernhalten sollen. Dafür eignen sich u. a. Lavendel, Thymian, Salbei, Oregano und Bohnenkraut.

Ergebnis: In meinem Garten hat es geholfen. Ich habe Lavendel an den Rand des Beetes mit Buschbohnen

Schnecken absammeln ist eine friedliche Methode. Anschließend setzt man sie woanders wieder aus.

gepflanzt, diese wurden deutlich seltener »heimgesucht« als vorher.

Sehr gut hilft auch, Beete mit diesen stark duftenden Kräutern zu mulchen. Wenn man weniger Kräutermaterial dafür verbrauchen will, kann man diese auch mit anderem Mulchmaterial mischen, beispielsweise Grasschnitt. Hat man viele Schnecken im Garten, sollte die Mulchschicht generell jedoch nicht dicker als 2 cm sein.

Den Boden lockern
Von Vorteil ist es, den Boden regelmäßig zu lockern. Schnecken mögen feinkrümeligen Boden nicht gerne, da sie sich schlecht auf ihm fortbewegen können.

Weitere Anti-Schnecken-Tipps
Tipp: Oft wird empfohlen, Kaffeesatz, Steinmehl, Holzhäcksel o. Ä. um das Gemüsebeet herumzulegen.

Ergebnis: Teuer. Da die Schicht 5 cm dick sein soll, entspricht das bei einem mittelgroßen Beet einer großen Menge an Kaffee (und ich kaufe nur Fairtrade-Kaffee!).

Außerdem braucht es nur einmal zu regnen und diese Schicht wird unwirksam. Ich selbst habe diese Methode noch nicht probiert, einige Gärtner schwören allerdings darauf.

Tipp: Ebenso kann man Pflanzen, die Schnecken besonders lieben, extra für sie anbauen oder auslegen, in der Hoffnung, dass sie dann das für uns geplante Gemüse ignorieren. Schnecken mögen besonders gerne Studentenblumen *(Tagetes)* oder Beinwell.

Ergebnis: Fragwürdig, denn wer garantiert mir, dass diese »Opferpflanzen« nicht nur als Vorspeise oder Appetithäppchen funktionieren?

Pflanzen, die Schnecken nicht mögen
Tipp: Ein weiterer Tipp ist oft zu lesen: »Bauen Sie Pflanzen an, die Schnecken nicht mögen.«

Ergebnis: Das sind zum Beispiel Zwiebeln. Doch wer möchte beeteweise im Garten Zwiebeln anbauen?

Tipp: Eine Bloggerin schreibt: »Schnecken gehen nicht gerne an Fenchel. Ebenso sind Buschbohnen ab einer bestimmten Größe und Tomaten sicher vor ihnen.«

Ergebnis: Graue Theorie. Laut Berichten von vielen Gärtnern wurden Tomaten und Buschbohnen von Schnecken angeknabbert, ganz egal, welche Größe sie hatten. Der ätherisch duftende Fenchel wurde hingegen stehengelassen.

Tipp: Schnecken mögen keinen Rucola, vor allem die Variante mit den stark gezackten Blättern.

Ergebnis: Guter Tipp, den Rucola ließen die Schnecken bei mir im Garten links liegen.

Schnecken im Gras
Eine Zwickmühle ergibt sich aus folgenden Tipps: Einmal heißt es, hohes Gras ist wegen der sich an-

Gebogene Zäune sind für Schnecken unüberwindbar, doch herabhängende Blätter dienen als Brücke!

siedelnden tierischen Artenvielfalt gut, und dann wieder, dass sich in zu hohem Gras die Schnecken gut verstecken können. Kurzer Rasen bietet einerseits kaum Schneckennahrung, sobald man aber darin ein Beet mit Salat- und Gemüsepflanzen anlegt, ist es für die Schnecken so, als würde dort ein reichhaltiges Buffet für sie eröffnet. Ich setze eher auf das hohe Gras.

Schnecken absammeln

Bei der Absammelmethode für Schnecken gibt es mehrere Möglichkeiten.

An einige Stellen Holzbretter oder Gemüseabfälle in den Garten legen, denn die Schnecken finden sich unter den Brettern und beim Gemüse ein; dort kann man sie gut absammeln.

Es gibt auch Gärtner und Gärtnerinnen, die abends Grubenlampen aufsetzen und dann im Dunkeln die Schnecken direkt aus dem Gemüse absammeln. Zum Aussetzen sollte man immer mindestens 200 Meter vom Garten weggehen, denn ab dieser Entfernung verlieren Schnecken angeblich die Orientierung.

Man sollte sie übrigens nicht neben dem Garten des Nachbarn absetzen, sondern einen Spaziergang zu einer Wiese oder Ähnlichem in der freien Natur machen.

Schneckenzäune und andere Schutzmäntel

Wirksam gegen Schnecken ist ein Vlies, das man über die Kulturen legt und am Rand mit Steinen beschwert, damit die Schnecken nicht darunter hindurchkriechen können.

Außerdem gibt es noch Kupferringe und -zäune. Diese wirken jedoch wohl nicht sehr zuverlässig; jedenfalls war das der Tenor der Berichte, die ich gelesen habe.

Sehr hilfreich sind Schneckenzäune, die einen abgerundeten Rand haben, über den die Schnecken nicht hinüberklettern können. Sie sind zwar in der Anschaffung

DER BIOVEGANE TIPP

Generell sollte man nur kräftige und gesunde Pflanzen ins Freiland setzen, denn Schnecken fressen wie gesagt eher »schwache« Pflanzen ab.

etwas teurer, man kann sie jedoch jedes Jahr wieder benutzen und sie lassen sich leicht auf- und abbauen. Gerade bei Salat empfiehlt sich die Anschaffung eines Hochbeetes, das man zusätzlich mit solch einem Schneckenzaun sichert. Dann könnte man sich mit den Schnecken im Garten vielleicht sogar anfreunden.

Ein Forenbeitrag brachte mich zum Lachen: Der Gärtner war ein Hobbyfilmer und hatte abends eine Kamera aufgestellt. Sie filmte, wie die Schnecken mit Leichtigkeit über einen Kupferzaun krochen. Er schrieb, dem Anbieter hätte er die Zäune mitsamt dem kleinen Film ohne weitere Erklärung zurückgeschickt.

Ein Hochbeet ist nicht nur rückenschonend, es schützt meist auch vor Schnecken.

DER BIOVEGANE TIPP

Bewährt haben sich auch sogenannte »Doktorpflanzen«, beispielsweise Studentenblumen *(Tagetes)*. Sie vertreiben u. a. schädliche Nematoden – winzige Fadenwürmer, die verschiedene Pflanzenkrankheiten verursachen können. Auch Ringelblumen vertreiben diese »Bodenälchen«, wie die Nematoden auch genannt werden.

Pflanze hilft Pflanze

Erkrankten Pflanzen kann man mit den Inhaltsstoffen anderer Pflanzen helfen. Ebenso kann man gesunde Pflanzen damit stärken. Man gewinnt diese Inhaltsstoffe auf unterschiedliche Weise:

- Bei **Pflanzentees** und **Pflanzenbrühen** gewinnt man die heilenden Wirkstoffe durch Erhitzen.
- Bei den **Pflanzenjauchen** geschieht dies durch das Vergären (siehe Seite 48).
- Bei Kaltwasserauszügen durch Einweichen.

Durch die unterschiedlichen Zubereitungsarten entstehen Pflanzenextrakte in jeweils anderer Konzentration. Diese gefilterten Pflanzenextrakte lassen sich mit einem Pflanzensprüher auf die erkrankten Pflanzen und den Bodenbereich aufbringen. Die Sprüher verfügen über verschiedene Einstellungen, von starkem Spritzen bis hin zu feinem Sprühnebel. Im Gartenfachhandel oder in Baumärkten gibt es professionelle Pflanzenspritzgeräte. Diese haben Messanzeigen und oft ein großes Fassungsvermögen. Man kann ebenso ganz einfache Sprühflaschen verwenden.

Rezepte für natürliche Pflanzenschutzmittel

Die nachfolgenden Rezepte sind solche, mit denen ich gut klarkomme, weil sie den Pflanzen in meinem Garten schon geholfen haben.

Pflanzenbrühen

750 g frische oder 100 g getrocknete Pflanzenteile für 24 Stunden in 5 Liter kaltem Wasser einweichen. Anschließend etwa eine Viertelstunde auf kleiner Flamme köcheln. Nach dem Abkühlen durch ein Sieb abgießen.

Diesen Sud (»Brühe«) kann man 1:10 verdünnt anwenden.

Ackerschachtelhalmbrühe hilft gegen Pilzerkrankungen wie Schorf und Mehltau.

Knoblauch-Zwiebel-Brühe hilft gegen Pilzkrankheiten und Milben.

Rainfarnbrühe hilft gegen Rost und Mehltau sowie gegen Milben.

Zwiebelbrühe hilft gegen Braunfäule an Tomaten. Dazu 50 g Zwiebelschalen mit 5 Litern heißem Wasser übergießen und die Pflanzen damit unverdünnt besprühen.

Eine Variante der Brühen sind **Pflanzenauszüge** und **-aufgüsse**.

Brennnessel-Kaltwasserauszug

1 kg frisch gepflückte Brennnesseln für 24 Stunden in 10 Litern lauwarmem Wasser einweichen, anschließend abseihen. Hilft gegen Blattläuse. Unverdünnt auf die betroffenen Pflanzen sprühen.

Kapuzinerkresse-Aufguss

Etwa 200 g frische Kapuzinerkresse mit kochendem Wasser übergießen, bis sie bedeckt sind, und 20 Minuten ziehen lassen. Danach abseihen. Hilft gegen Schildläuse und Blutläuse; dazu 1:5 verdünnt auf die Pflanzen sprühen. Gegen Schnecken 1:10 verdünnt auf Pflanzen und Beet sprühen. Ebenso kann das Besprühen mit EM Effektiven Mikroorganismen helfen (siehe Seite 37).

Pflanzentees

Für die Zubereitung von Pflanzentees werden frische oder getrocknete Pflanzenteile mit Wasser überbrüht. Zugedeckt lässt man den Tee ungefähr 15 Minuten ziehen. Anschließend wird er über ein Sieb abgeseiht. Wenn der Tee abgekühlt ist, kann man die gewünschte Menge in einen Pflanzensprüher füllen.

Ackerschachtelhalmtee

1 kg frischen oder 100 g getrockneten Ackerschachtelhalm zunächst 24 Stunden einweichen, damit sich die wertvolle Kieselsäure optimal löst. Dann diese Mischung aufkochen und abseihen. Mit dem unverdünnten Tee die Blätter und Stängel der Pflanzen besprühen. Dieser Tee hilft gegen Blattläuse, Mehltau und andere Pilzerkrankungen.

Pflanzentee zubereiten: **1** Braune Zwiebelschalen, Knoblauch und Kräuter herrichten. **2** Nach dem Überbrühen lasse ich sie 15–20 Minuten ziehen. **3** Anschließend abseihen. Nach dem Abkühlen in einen Pflanzensprüher füllen.

Knoblauchtee
150 g Knoblauchzehen mit 2 Litern Wasser überbrühen. Unverdünnt auf die Pflanzen spritzen.

Dieser Tee hilft gegen Grauschimmel auf Erdbeeren. Bei Milbenbefall 7:1 verdünnt auf Boden und Pflanze spritzen.

Rhabarberblättertee
500 g frische Blätter mit 5 Litern Wasser überbrühen. Den Tee unverdünnt auf die befallenen Pflanzen sprühen.

Hilft gegen Lauchmotte, Schnecken und Zwiebelfliege. Gegen Schnecken 1:10 verdünnt auf den Boden im Beet gießen.

Tee aus Kapuzinerkresse
Hilft, unverdünnt aufgesprüht, gegen Blutläuse und bei Wunden von Obstbäumen.

Tee aus Löwenzahn
Im Frühjahr über die Pflanzen gesprüht, kann er die Fruchtbildung unterstützen.

Tee aus Rainfarn
Hilft, unverdünnt gespritzt, gegen Milben und Läuse.

Basilikumtee
Ebenfalls unverdünnt gespritzt, hilft er gegen Spinnmilbenbefall.

Pflanzenjauchen

Knoblauchjauche
50 g frische Knoblauchzehen zerkleinern. Mit 1 Liter Wasser aufgießen, 10 Tage ziehen lassen, dabei täglich umrühren. Anschließend durch ein Sieb abgießen. Hilft gegen verschiedene Pilzerkrankungen. Dazu die fertige Knoblauchjauche 1:0 verdünnt auf die Pflanzen sprühen.

Misch-Kräuterjauche aus Wild- und Gartenkräutern
Geeignet sind u. a. Basilikum, Kamille, Majoran, Minze, Oregano, Thymian, Salbei und Schafgarbe.

Ringelblumenjauche
Diese wie die Misch-Kräuterjauche wirkt pflanzenstärkend. Beide werden unverdünnt auf den Boden gesprüht.

Heilkräuter

Heilkräuter wirken auch auf Pflanzen wie eine Medizin. Man kann sie im eigenen Garten gut einsetzen. Empfehlenswert ist etwa das Gießen mit Jauchen, denen man einen Heilkräutertee beimischt. Als Heilkräuter

Ackerschachtelhalm enthält u. a. Kieselsäure. Diese wird als Heilmittel und zur Pflanzenstärkung genutzt.

eignen sich beispielsweise Kamille, Lavendel, Oregano, Thymian oder Salbei.

Aus den Kräutern einen Tee zubereiten und diesen mit Brennnesseljauche ca. 1:5 mischen. Ebenso ist es hilfreich, erkrankte Pflanzen direkt mit diesen Kräutern zu mulchen. Die ätherischen Öle der Kräuter können desinfizieren, stärken und helfen, Krankheiten vorzubeugen.

Wenn nichts mehr hilft

Wenn all diese Pflanzenmittel nicht mehr helfen können, sollte man die kranke Pflanze vollständig vom Beet entfernen. Gab es einen Pilzbefall an unter der Erde wachsenden Pflanzenteilen, zum Beispiel bei der Kohlhernie, darf man die kranke Pflanze auf keinen Fall auf dem Kompost entsorgen. Bei Pilzen an überirdisch wachsenden Pflanzenteilen kann man diese auf den Kompost geben, sollte sie aber sofort mit organischem Material abdecken, da diese Keime nur an der Luft weiter aktiv sind. Im Kompost wird die Pflanze wieder zu wertvollem Humus verarbeitet.

Ich versuche mittlerweile einen »Ernteausfall« mit Gelassenheit hinzunehmen und daraus zu lernen. Entweder kann ich es bei nächsten Beetplanung besser machen oder einfach erkennen und verstehen, dass die Natur ein ständiger Kreislauf ist. Denn auch das gehört dazu: Ein Garten ist schließlich keine Gemüsefabrik, sondern ein lebendes Biotop. Aber genau deshalb ja auch so schön und oft voller Überraschungen.

Für Ackerschachtelhalmtee und -jauche werden frische oder getrocknete Pflanzenteile verwendet.

Aussaat und Pflanzung

Eine der schönsten Erfahrungen als GärtnerIn ist es, zu erleben, wie aus den kleinen Samen große Pflanzen werden! Das ist übrigens auch für Kinder ein ganz eindrucksvolles Erlebnis.

Was pflanze ich an?

Bei der Auswahl der Pflanzen sollte jeder erst einmal nach dem gehen, was er gerne mag und ernten möchte. Natürlich sollten die Pflanzen klimatisch und von ihrem Platzbedarf her zu dem Garten passen.

Saatgut und Pflanzen aus kontrolliert biologischem Anbau kaufe ich beispielsweise im Bioladen oder im Bioversandhandel. Es macht viel Freude und Sinn, alte Sorten anzupflanzen. Dazu gibt es sogar einen eigenen Verein, der sich dem Schutz der Vielfalt der Kulturpflanzen verschrieben hat. Adressen dazu finden Sie im Bezugsquellenverzeichnis auf Seite 140.

Werdegang einer Pflanze am Beispiel der Zucchini

Wer zum ersten Mal eine Pflanze vorkultivieren, also von der Pike auf wachsen sehen möchte, nehme dafür eine Zucchini.

Die Vorkultur von Zucchini gehört auch zu meinen ersten Gartenerfolgserlebnissen. Folgende Methode hat sich bei mir bewährt:
- Ende April, Anfang Mai lege ich jeweils 1 Saatkorn in einen Topf mit Aussaaterde, die ich selbst mische (siehe Seite 52).
- Das Korn bedecke ich mit der Erde, stelle die Töpfchen an einen sonnigen Ort und achte darauf, dass die Erde warm ist.
- Während der Keimung sollte man sie nur leicht feucht, aber auch nicht zu trocken halten. Das klingt vielleicht kompliziert, man bekommt aber schnell ein Gefühl dafür.

Deutlich zu erkennen: Die Hülle des Samenkorns hängt noch an einem Blättchen der Zucchinipflanze.

Vier Zucchinipflanzen, zur gleichen Zeit ausgesät und doch so unterschiedlich im Wachstum.

- Nach ungefähr einer Woche ist schon der erste Keimling zu sehen und bald darauf zeigt sich ein erstes Blattpaar mit rundlichen Blättern.
- Es kommt vor, dass das Samenkorn noch an den Blättern haftet und sie zusammenhält.
- Kurz darauf entfaltet sich dieses Blattpaar.

Wie man vielleicht bemerkt, kann es sehr viel Freude machen, diese Vorgänge zu beobachten. Die Pflanzen werden schnell größer und bekommen weitere Blätter, die jetzt zackige Ränder haben. Wenn sie 3 Blätter haben, kann man sie umpflanzen.

Aussaatschalen

Als Aussaatschalen eignen sich Gemüseplastikschalen aus dem Supermarkt. Es empfiehlt sich, ein paar Löcher in den Boden zu stanzen. Natürlich ist es besser, möglichst wenig Plastik zu kaufen, aber wenn man es schon einmal hat, kann man es auch wiederverwenden. Ausgediente Frischhalteboxen können ebenfalls umweltschonend als Pflanzschale jedes Jahr wiederverwendet werden. Die Anzuchttöpfchen werden dann einfach mit der selbstgemischten biovegane Aussaaterde (siehe Seite 52) befüllt. Bei mir klappt das auf diese Weise wunderbar, die Saat geht gut auf!

Töpfchen für die Aussaat

Als Erstes benötigt man für die Aussaat und Vorkultur im Haus Anzuchttöpfe. Diese kann man sich ganz einfach selbst basteln, denn die angebotenen Torftöpfchen sind unökologisch. Für die Töpfchen nimmt man einfach kleine Papprollen vom Toilettenpapier und schneidet sie in der Mitte durch. Ebenso kann man aus altem Zeitungspapier welche basteln. Im Internet gibt es viele Faltanleitungen dazu und sogar einen »paperpotter«, ein Holzgerät, mit dem man die Töpfchen perfekt hinbekommt.

WARUM IST TORF UNÖKOLOGISCH?

Man ist sich oft gar nicht darüber bewusst, welch riesige Mengen Torf zur Herstellung von Pflanzerde abgebaut werden – jährlich sind es ungefähr 10 Millionen Kubikmeter! Die Moore, aus denen der Torf stammt, bieten Lebensräume für bedrohte Tier- und Pflanzenarten. Außerdem ertrinken jährlich viele Jungvögel in den Entwässerungsgräben, die für den Torfabbau gezogen werden. Die Renaturierung einer solchen Moorlandschaft dauert ungefähr 10.000 Jahre. Dies sind die Gründe, warum im biovegane Garten völlig auf Torf verzichtet wird. Torf dafür abzubauen ist wirklich überflüssig, denn wir haben in unseren Gärten oft bessere Erde, als wir ahnen.

Praktischerweise kann man später die Pflanzen direkt mit den Papiertöpfen in das Beet einpflanzen. Natürlich sollte das verwendete Papier weder frische Druckerschwärze noch Plastikbeschichtung haben, denn die giftigen Stoffe landen sonst in der Gartenerde.

Selbstgemachte Anzuchttöpfchen sind ökologischer als handelsübliche Torftöpfchen.

DER BIOVEGANE TIPP

Kokosblöcke sind eine gute Alternative zu Torf. Man erhält sie mit Fairtrade-Siegel in vielen Weltläden. Sie werden in Wasser eingeweicht, quellen dann auf das zehnfache Volumen auf und lassen sich gut als Pflanzerde verwenden.

Zeit für die Aussaat

Der Aussaattermin richtet sich nach der Pflanzenart und dem Klima. Die meisten Pflanzen sät man im Frühjahr, einige aber auch im Herbst aus. Grob unterschieden wird nach frostempfindlichen und winterharten Pflanzen. Außerdem gibt es robuste Gemüsesorten, die man nicht früh im Haus vorzieht, sondern zu einem späteren Zeitpunkt direkt in das Beet sät. Dazu zählen Bohnen, Erbsen, Möhren, Feldsalat und Radieschen. Praktisch sind übrigens Aussaatkalender, die es im Internet oder bei Gärtnereien oft gratis gibt.

Biovegane Saaterde selbstgemischt

Für eine **vegane Aussaaterde** mischt man: 40 % Garten- oder Blumenerde ohne Torf, mit 30 % Reifkompost, 15 % Sand und 15 % Gesteinsmehl.

Woher bekommt man die Zutaten? Biogartenerde ohne Torf ist mittlerweile in jedem Gartencenter oder Baumarkt erhältlich. Wer noch keinen Kompost angelegt hat, kann im Internet suchen, ob es in der Nähe ein Kompostwerk gibt; dies ist oft bei Recyclinghöfen der Fall. Dort produzierter Kompost darf üblicherweise keine tierlichen Bestandteile enthalten. Ich empfehle aber immer, telefonisch nachzufragen. Wie gesagt, mit den Fragen nach veganen Produkten trifft man mittlerweile oft auf offene Ohren. Gesteinsmehl und Sand erhält man in Gärtnereien und Baumärkten.

Verschiedene Ansprüche

Es gibt verschiedene Arten von Samen. Besonders kleine Körner sollte man mit etwas trockenem Sand vermischen, so kann man sie gleichmäßiger in der Erde verteilen. Die größeren kann man mit dem Finger leicht andrücken und mit etwas Erde bedecken. Sogenannte **Lichtkeimer** werden gar nicht mit Erde bedeckt.

Damit die kleinen Körner beim Gießen nicht ausgeschwemmt werden, gibt es einen tollen Trick: In den Schraubverschluss einer Flasche mit einer Nadel feine Löcher stechen; so werden die Pflanzen fein begossen. Alternativ kann man auch eine kleine Gießkanne mit Brause verwenden.

Anleitungen auf Samentütchen

Es empfiehlt sich immer, die Angaben auf den Samentüten zu beachten. Wenn man Saatgut eingetauscht hat, sollte man natürlich nachfragen, wie es zu behandeln ist. Unter Gärtnern ist es üblich, beim Saattausch die Tütchen oder Briefumschläge zu beschriften.

Aussaat und Pikieren

Wenn man die Samen in die Erde gesteckt hat und die Töpfchen und Aussaatschalen an einen sonnigen Ort gestellt hat, heißt es erst einmal etwas Geduld haben. Die Saat sollte währenddessen feucht gehalten werden. Deckt man die Gefäße mit Folien oder Glasplatten ab, wird die Luftfeuchtigkeit erhöht und die Keimung gefördert. Dann sprießen bald die ersten Keime. Zunächst sind nur kleine Pünktchen zu erkennen.

Nicht mehr lange, und es zeigen sich die ersten kleinen Pflänzchen. Üblicherweise werden sie, wenn sich zwei Blätter zeigen, pikiert (vereinzelt) und in größere Pflanztöpfe gesetzt.

Das **Pikieren** geht einfacher, wenn man die Sämlinge kräftig wässert. Mit einem Pikierholz hebt man die Pflänzchen vorsichtig heraus. Dann setzt man sie im Abstand von 5 cm in neue Pflanzlöcher. Wenn die Wurzeln etwas verletzt werden, ist dies nicht schlimm, denn sie wachsen trotzdem an.

Bald kann man dann die jungen Pflanzen auf das Beet umsiedeln. Der Zeitpunkt richtet sich nach der Sorte. Natürlich spielt es auch eine Rolle, ob man direkt in das Freiland oder auf ein Frühbeet oder in ein Gewächshaus pflanzt. Ebenso sollten frostempfindliche Saaten und Pflanzen mit einem Vlies geschützt werden. Ich richte mich für die feinen Unterschiede der Pflanzen immer nach den Anleitungen, die auf den Saatgutpackungen stehen.

Jungpflanzen vom Biogärtner

Wenn man Jungpflanzen kauft, sollte man darauf achten, dass es gesunde Pflanzen sind. Dafür ruhig den Wurzelballen vorsichtig aus dem Topf ziehen und nachsehen, ob das Wurzelwerk gesund aussieht. Dabei kann

Mit einem Pikierstab oder Essstäbchen lassen sich die Pflänzchen gut herausheben.

Man siedelt sie behutsam an ihrem neuen Platz an. Die Erde leicht andrücken und wässern.

Biovegane Gartenpraxis

DER BIOVEGANE TIPP
Im Online-Handel bestellte Pflanzen werden meist sehr gut verpackt. Die bekannten Bioanbieter legen großen Wert darauf, dass die Ware frisch und unversehrt bei uns Zuhause ankommt. Teilweise werden die Pflanzen in Töpfen, die fest im Paket gesichert stehen, versendet. Alle Pflanzenpakete werden natürlich umweltbewusst verschickt und sind normalerweise innerhalb von 2–3 Tagen da.

man auch prüfen, ob es nicht schon zu sehr mit dem Topf verwachsen ist, sonst kann es sein, dass die Wurzeln beim Umtopfen nicht gut anwachsen.

Pflanzung

So pflanzt man richtig ein:
- Beet vorbereiten, dafür den Boden lockern und oberflächlich Kompost einarbeiten.
- Den Abstand zur nächsten Pflanze einhalten.
- Das Pflanzloch sollte immer größer sein als der Wurzelballen.
- Die Pflanze aus dem Topf herausnehmen und behutsam lockern.
- Die Pflanze einsetzen. Darauf achten, dass sich der Rand des Ballens auf gleicher Ebene wie der Gartenboden befindet.
- Je nach Bedarf kann man noch Gesteinsmehl, Brennnesselblätter oder Ackerbohnenschrot mit in das Pflanzloch geben.

Aussaat von Rucola in vorbereitete Saatrillen. Rucola ist pflegeleicht und schnell erntereif.

Wenn die Erde im Frühjahr nicht mehr gefroren ist, kann man die Beete vorbereiten.

- Das Pflanzloch rundherum mit Erde auffüllen.
- Die Erde mit den Händen festdrücken, bis die Pflanze in ihr Halt bekommt.
- Nach dem Einpflanzen angießen; dabei sollte die Erde um die Pflanze herum richtig durchnässt werden.

Richtig gießen leicht gemacht – einige Tipps

- Frühmorgens gießen, wenn die Erde noch kühl ist, sie speichert die Feuchtigkeit. Außerdem hilft es gegen Schnecken, denn sie lieben Feuchtigkeit, sind aber nachtaktiv.
- Lieber weniger häufig, ungefähr einmal die Woche, gießen und dann tief und gründlich. Ein ständiges oberflächliches Gießen begünstigt nämlich Pilzkrankheiten und Schneckenbesuch.
- Nicht von oben gießen, sondern im unteren Bereich der Pflanze.
- Nicht in der Mittagssonne gießen, das Wasser verdunstet sehr schnell und nasse Pflanzenteile können dadurch Schaden nehmen.
- Mit Regenwasser gießen. Die Regentonne immer mit Gitter oder Netz abdecken, damit keine Tiere darin ertrinken können.
- Mehrere Gießkannen verwenden. Gießkannen mit Regenwasser an einem sonnigen Platz neben dem Beet stehenlassen, so hat man immer Gießwasser für wärmehungrige Pflanzen wie Gurken und Zucchini. Wenn man Gurken bei warmen Wetter zu kalt gießt, können sie bitter werden.

Vielfalt ist lebenswichtig – Gedanken zum sortenfesten Saatgut

Ich verwende nur saatfeste Sorten, Biopflanzen und kein gentechnisch verändertes Saatgut. Dieses muss erfreulicherweise deklariert werden. Dabei achte ich auf die Bezeichnung F_1. Wenn dies am Saatgut oder den Jungpflanzen steht, dann sind es Hybrid-Sorten, die sich nicht mehr vermehren lassen.

Pflanzen aus F_1-Hybrid-Saatgut haben auf den ersten Blick gute Eigenschaften und sie wachsen gut. Doch man erhält Pflanzen, die beim nächsten Anbau wässriger und aufgeschwemmter werden.

In jahrhundertelanger Anbau- und Gartenpraxis haben Gärtner ihre Pflanzen selbst vermehren können und Saatgut an die nächste Generation weitergegeben. Darum gibt es heute so unglaublich viele Sorten und jede hat in ihrer Eigenart etwas Besonderes.

Ich halte es allein vom Bauchgefühl her, noch ganz ohne wissenschaftliche Erklärung, für eine natürliche Sache, die Sortenvielfalt zu bewahren. Denn auch als Gartenanfängerin ist mir klar, dass sich ja die Umweltbedingungen ständig ändern, die Bodenbeschaffenheit, somit auch die Art der Tierleben mitsamt den Insekten, die jeweils einen Lebensraum vorfinden, sowie viele Aspekte mehr, die der Mensch gar nicht vorausplanen kann. Eine Sorte auf den Markt zu bringen, die nur einmalig, in diesem Moment, gut und kräftig wächst, halte ich für kurzsichtig.

Die Natur hat von sich aus bewundernswerte Eigenschaften, das Gleichgewicht zu halten bzw. es immer wieder auszubalancieren. Sie ist einer ständigen Veränderung unterworfen. Und gerade die typischen Eigenheiten der jeweiligen Sorte entwickeln sich ja durch diese sich ändernden Bedingungen. Man sagt so schön: »Es hängt alles zusammen.« Und es stimmt. Wenn man dem Leben mit Achtsamkeit begegnet, nimmt man wahr, dass alles in wechselseitiger Beziehung entsteht und nichts abgegrenzt von allem allein existieren kann, keine Pflanze, kein Tier. Gerade im und mit dem Garten lernt man das auf ganz natürliche Weise – einfach durch Gefühl und Beobachtung. Ich hoffe sehr, dass uns die Pflanzenvielfalt erhalten bleibt.

Der biovegane Blumen- und Gemüsegarten

Wer liebt nicht den Geschmack von frischem Gemüse aus dem Garten, den Duft würziger Kräuter und den Anblick hübscher Blumen? Biovegan angebaut bedeutet dies, seinen Garten mit Freude und mit gutem Gewissen zu genießen.

Ein Gemüsebeet anlegen

Das Gemüsebeet im Garten liegt idealerweise an einem sonnigen Platz. Bevor man es anlegt, sollte man überlegen, wo später die Wege im Beet hinkommen sollen. Möchte man flexibel bleiben, dann empfehlen sich dafür Bretter, die man bewegen kann. Wenn man möchte, kann man das Beet einfassen, beispielsweise mit Steinen oder mit einem Weidenzaun. Natürlich kann man das Beet auch mit einer Einfassung aus duftenden Kräutern und Blumen versehen.

Planung

Zur Planung des Gemüsebeets nehme ich ein einfaches Blatt Papier und zeichne die Fläche auf. Ich überlege mir, was ich ernten möchte, und suche die Pflanzen hauptsächlich nach Geschmack aus. Bei mir sind jedes Jahr grüne Bohnen, Lauch, Kohlrabi (die violetten), Zucchini, Tomaten und Grünkohl auf dem Beet. Auch Blatt- und Pflücksalat, vor allem Rucola, darf nicht fehlen. Er wächst einfach zu schön immer wieder nach. Darüber hinaus ist bei mir am Rand immer eine Ecke für Borretsch, Ringelblumen und andere Kräuter reserviert.

Ansonsten variiert das Gemüseangebot in meinem Garten. Ich finde es spannend, immer wieder etwas Neues auszuprobieren.

Nun notiere ich die geplanten Pflanzen auf meinem Blatt Papier, überprüfe dabei, was sie brauchen – ob Sonne oder Halbschatten, ob eher feucht oder eher

Mein kleines Gemüsebeet mit Lauch und gemulchten Erdbeeren bearbeite ich mit dem Grubber.

Ein Gemüsebeet anlegen

DER BIOVEGANE TIPP

Bei der Planung ist unbedingt die sogenannte **Mischkultur** zu beachten. Dabei geht es darum, welche Gemüse zueinander passen. Es gibt Pflanzen, die eine gute Nachbarschaft bilden und sich gegenseitig unterstützen, aber eben auch solche, bei denen es umgekehrt ist. Mehr dazu siehe Seite 61.

---

trocken. Die entsprechenden Informationen dazu entnehme ich meist aus Büchern. Daraus ergeben sich dann oft Fragen, die sich auf die einzelne Gemüsekultur beziehen, beispielsweise »Wo sind die sonnigsten Plätzchen auf dem Beet?« oder »Wo ist es windgeschützt?«.

Der Platzbedarf der Gemüsesorte ist unbedingt auch gleich zu Beginn mit zu bedenken – und lieber räumt man ihr etwas mehr Platz ein.

Zu dicht gepflanzte Kulturen können sich Licht und Nährstoffe wegnehmen und sind anfälliger für Krankheiten.

Fruchtfolge beachten

Damit dem Boden nicht einseitig die Nährstoffe entzogen werden, wechselt man die Fruchtarten auf dem Beet. Dieses Prinzip nennt man Fruchtfolge.

Am besten überlegt man sich auch gleich, was man im nächsten und übernächsten Jahr anbauen möchte. Die 3-jährige Fruchtfolge empfiehlt sich, da man auf die Weise auch mehrjährige Gemüsearten einplanen kann. Gut für den Boden ist es auch, wenn man die Art der Gründüngung ebenfalls gleich passend mit einplant. Beispielsweise sollte man keine Lupinen als Gründüngung und danach Buschbohnen an die gleiche Stelle pflanzen, da sie beide zu den Hülsenfrüchten (Leguminosen, siehe Seite 18) zählen und somit den Boden mit Stickstoff überdüngen würden.

Mehrere Methoden

Hilfreich ist es, mit bunten Stiften zu arbeiten. Zum Beispiel kann man Starkzehrer in Rot und Schwachzehrer in Grün einzeichnen und eine Tabelle erstellen. So hat man einen guten Überblick. Da findet jeder seine eigene Methode, manche malen auch naturgetreu schöne Kohlköpfe und Pflanzen, andere machen es akkurater.
Es gibt übrigens Webseiten, auf denen man das Beet digital planen und abspeichern kann.*) Standort, Pflanzenart, Fruchtfolge und Mischkultur werden beachtet und nach Eingabe wird das Beet automatisch eingeteilt.

---

*) www.anbeeten.de

Üppig wachsender Rucola und die Zucchini geben sich ein gesundes Stelldichein auf dem Beet.

Für den Erhalt der Bodenfruchtbarkeit im Gemüsebeet habe ich zuvor Pflanzenkompost eingearbeitet.

Das biovegan angebaute Gemüse, hier Rotkohl, Lauch und Kohlrabi, gedeiht prächtig.

Fruchtbarer Boden im Gemüsebeet

Wenn die Erde im Frühjahr nicht mehr gefroren ist, kann man die Beete vorbereiten. Damit wir einen fruchtbaren Boden im Gemüsebeet haben, reichern wir ihn mit unserem wertvollem Pflanzenkompost an. Wenn man Kulturen mit Starkzehrern geplant hat, z. B. Kohlarten, kann man auf dem vorgesehenen Platz den Kompost besonders großzügig verteilen.

So gehe ich dabei Schritt für Schritt vor:
- Die Erde im Beet harken und mit der Grabegabel lockern.
- Den Kompost aussieben.
- Die groben Teile des ausgesiebten Komposts in einer Wanne oder in einem Eimer beiseitestellen.
- Den feinen Kompost auf dem Beet verteilen, mit Steinmehl bestäuben und mit dem Grubber oberflächlich einarbeiten.
- Den groben ausgesiebten Mulm nun locker als Mulch oben auf die Erde ausbringen. Die Mulchschicht schützt den Kompost und die Bodenlebewesen vor Austrocknung, solange die Beetfläche noch nicht bewachsen ist.
- Anschließend kann man mit dem Säen, Pflanzen und Ernten beginnen.

Bei den Vorbereitungen des Gemüsebeetes ist immer auch darauf zu achten, den Boden zu schonen. Bei nassem Boden sollte man gar nicht arbeiten. Den Boden so lockern, dass die Luft zirkulieren kann, ihn aber nicht zu stark umgraben, denn beim starken Umgraben wird die normale Funktion der Mikroorganismen gestört. Zur Erinnerung: Man sollte regenwurmschonend mit der Grabegabel arbeiten und die Erde an der Oberfläche nur durchmischen.

Organische Materialien, die noch stark aktiv sind, wie halbreifer Kompost oder die abgeerntete Gründüngung, sollten immer nur oberflächlich eingearbeitet werden, sodass noch Luft herankommt.

Mischkultur

Um das ökologische Gleichgewicht zu halten, wächst in der Natur nie nur eine Pflanzenart für sich alleine, sondern steht immer auch in Wechselwirkung mit benachbarten Arten. In unserem Garten richten wir uns nach diesem Prinzip, indem wir die Mischkultur anwenden. Das hat seinen tieferen Sinn, denn die gleiche Pflanzenart in Reinkultur angebaut würde zum Beispiel auch die gleichen Insekten in größerer Zahl anziehen. Dies kann zu erheblichen Schäden und einem Ertragsverlust führen. Ebenso wird der Boden durch eine solche einseitige Anbauweise ausgelaugt.

Gute und schlechte Nachbarschaft

Verschiedene Pflanzenarten in Nachbarschaft ergänzen sich im Idealfall und entziehen auch dem Boden nicht zu viele gleiche Nährstoffe, sondern können ihn sogar anreichern. Bei der Beetplanung ist also daran zu denken, ob bestimmte Pflanzen gut oder weniger gut miteinander auskommen, weil sie sich etwa durch Wurzelausscheidungen, Duft, Beschaffenheit, Größe und weitere Faktoren gegenseitig schützen und im Wachstum unterstützen können.

In guter Gesellschaft

Nachfolgend ein paar Beispiele:
- Knoblauch, neben Erdbeeren gepflanzt, schützt diese vor Grauschimmel.
- Tomaten und Kapuzinerkresse bilden ein gutes Paar, denn die Kresse hält den Boden feucht und zugleich Blattläuse fern.

Gute Partnerschaft: Knoblauch schützt Erdbeeren vor Grauschimmel und hält Schnecken fern.

Mischkultur mit Tomatenpflanzen und Kapuzinerkresse unter dem Dach des Tomatenhauses.

DER BIOVEGANE TIPP
Spinat eignet sich wunderbar als Zwischenkultur sowie als Gründünger und ist ein guter Nachbar für viele Pflanzen.

- Ein bekanntes Paar ist Möhre und Zwiebel, sie helfen sich gegenseitig dabei, die Möhren- und Zwiebelfliege voneinander fernzuhalten.
- Dill fördert das Wachstum von Gurken und Feldsalat ist ein guter Bodendecker neben Stangenbohnen.
- Ganz besonders praktisch finde ich die Pflanzengemeinschaft von Buschbohnen und Bohnenkraut. Das aromatische Bohnenkraut schützt die Buschbohnen vor der Schwarzen Bohnenblattlaus, beide Pflanzen passen vom Geschmack her hervorragend zusammen und lassen sich in einem Schwung ernten.

So sorgt die Mischkultur für ein harmonisches Miteinander auf dem Beet! Und natürlich vermeiden wir es, Pflanzen nebeneinander zu setzen, die sich gegenseitig bedrängen oder stören. Es ist eine sanfte natürliche und dabei vegane Methode, um Pflanzen zu schützen. Darum habe ich die Mischkultur von Anfang an bei meiner Beetplanung beherzigt.

Anbauweise in Mischkultur

Es gibt verschiedene Möglichkeiten, in Mischkultur anzubauen. Die jeweiligen Nachbarpflanzen können in Reihen nebeneinander, innerhalb einer Reihe oder frei im Beet dazugemischt werden. Entscheidend ist, sie nicht zu dicht nebeneinander zu pflanzen, da sie sich sonst Nährstoffe und Licht wegnehmen könnten. Auch Zwischenkulturen, die nach dem Abernten auf freie Flächen in das Beet gepflanzt werden, sollten diesem Prinzip folgen. Durch eine gut geplante Mischkultur spart man auch Platz!

Pflanzen, die eine gute Nachbarschaft bilden	
Artischocke	Fenchel
Aubergine	Paprika
Blumenkohl	Salate, Sellerie
Bohnen	Mangold, Rote Bete, Sonnenblumen
Bohnenkraut	Endivie, Buschbohnen, Salbei
Borretsch	Erdbeeren
Brokkoli	Sellerie
Buschbohnen	Bohnenkraut, Endivie
Dill	Salate
Eissalat	Sellerie, Lauch
Endivie	Bohnenkraut, Buschbohnen, Feuerbohne
Erbsen	Fenchel, Möhren, Radieschen
Erdbeeren	Borretsch, Knoblauch
Fenchel	Artischocke, Erbsen, Salate
Feuerbohne	Endivie, Gurken, Kapuzinerkresse, Kohl, Kohlrabi, Salat, Tomaten, Zucchini
Gurken	Feuerbohne, Mais
Grünkohl	Spinat
Hokkaidokürbis	Brokkoli, Mais
Kapuzinerkresse	Feuerbohne, Sonnenblumen, Tomaten
Kartoffeln	Paprika
Kerbel	Kopfsalat, Rosenkohl
Knoblauch	Erdbeeren, Liebstöckel
Kohl	Feuerbohne, Lauch, Rote Bete, Sellerie
Kohlrabi	Feuerbohne, Lauch, Rote Bete, Salate, Sellerie, Spinat, Tomaten, Zwiebeln
Lauch	Eissalat, Möhren, Kohl, Kohlrabi, Rosenkohl, Sellerie, Tomaten, Wirsing

Mischkultur 63

Pflanzen, die eine gute Nachbarschaft bilden	
Lavendel	Majoran
Liebstöckel	Zwiebel, Knoblauch, Majoran
Mais	Gurken, Kürbis, Zucchini, Salbei
Majoran	Lavendel
Mangold	Bohnen, Möhren, Radieschen, Rettich, Salate, Zucchini
Minze	Majoran
Möhren	Erbsen, Mangold, Lauch, Salate, Tomaten, Zwiebeln, Petersilie
Oregano	Salbei
Paprika	Aubergine, Kartoffeln, Tomaten
Petersilie	Möhren, Zwiebeln, Basilikum
Radieschen	Erbsen, Mangold, Rettich, Salate, Spinat
Rettich	Mangold, Radieschen, Salate, Sellerie
Rosenkohl	Porree, Sellerie, Spinat, Kerbel
Rosmarin	Basilikum, Schnittlauch, Salbei, Thymian, Zitronenmelisse
Rote Bete	Bohnen, Kohl, Kohlrabi, Wirsing, Zucchini, Zwiebeln
Salate	Blumenkohl, Feuerbohne, Kohlrabi, Mangold, Möhren, Radieschen, Rettich, Dill, Kerbel, Fenchel
Salbei	Zuckermais, Bohnenkraut, Majoran, Oregano, Rosmarin
Schnittlauch	Rosmarin
Sellerie	Blumenkohl, Brokkoli, Eissalat, Kohl, Kohlrabi, Lauch, Rettich, Rosenkohl, Spinat, Tomaten, Wirsing
Sonnenblumen	Bohnen, Kapuzinerkresse, Zuckermais

Pflanzen, die eine gute Nachbarschaft bilden	
Spinat	Grünkohl, Kohlrabi, Radieschen, Rosenkohl, Sellerie, Stangenbohnen, Tomaten, Wirsing, Zucchini
Stangenbohnen	Spinat
Thymian	Rosmarin
Tomaten	Feuerbohne, Kohlrabi, Möhren, Paprika, Lauch, Sellerie, Spinat, Wirsing, Zucchini, Zuckermais, Kapuzinerkresse
Topinambur	sollte alleine stehen
Wirsing	Lauch, Rote Bete, Sellerie, Spinat, Tomaten
Zitronenmelisse	Rosmarin
Zucchini	Feuerbohne, Mangold, Rote Bete, Spinat, Tomaten, Zuckermais
Zuckermais	Sonnenblumen, Tomaten
Zwiebeln	Kohlrabi, Möhren, Rote Bete, Liebstöckel, Petersilie

Pflanzen, die nicht nebeneinanderwachsen sollen	
Artischocke	Knoblauch, Sellerie, Schnittlauch
Blumenkohl	Kohl, Rettich
Bohnen	Erbsen, Fenchel, Knoblauch, Lauch, Zwiebeln
Bohnenkraut	Basilikum
Brokkoli	Kohl, Radieschen
Dill	Kürbis, Sellerie, Kümmel, Petersilie
Erbsen	Bohnen, Kartoffeln, Knoblauch, Lauch, Tomaten
Erdbeeren	Kohl
Fenchel	Bohnen, Tomaten, Dill
Gurken	Radieschen, Tomaten

Die 10 leckersten Gemüse für den biveganen Garten

Knackiges, frisches Gemüse aus dem eigenen Garten hat einen ganz besonderen Reiz – auch oder gerade in Zeiten des übergroßen Angebots in den Supermärkten.

Buschbohnen

Buschbohnen *(Phaseolus vulgaris* var. *nanus)* wachsen niedrig und benötigen keine Rankhilfen. Es gibt grüne Buschbohnen ohne Faden, grüne Filetbohnen, gelbe Wachsbohnen und blauhülsige Buschbohnen, je nach Geschmack. Ich verwende gern die Sorte 'Saxa', sie ist ertragreich und schmackhaft. Wie alle Saaten kaufe ich sie in Bioqualität.

Buschbohnen eignen sich auch für kleine Gärten.

Anbau

Bohnen sind frostempfindlich, daher sollten sie erst ab Mitte Mai im Freiland ausgesät werden. Die optimale Bodentemperatur ist um die 25 °C.

Samen flach unter die Erde legen, und diese leicht andrücken. Traditionell werden sie in sogenannten Horsten gesetzt, das heißt, 4–5 Samen werden zusammen ausgelegt. Zwischen den Horsten wird ein Abstand von ungefähr 40 cm eingehalten. Man kann die Bohnensamen ebenso in Reihen mit einem Abstand von jeweils 6–7 cm aussäen.

Bereits nach einigen Tagen sprießen die ersten Keime. Die Bohnenpflanzen leicht mit Erde anhäufeln, das gibt ihnen eine bessere Stabilität. Buschbohnen wachsen schnell, sie sind meist 2 Monate nach dem Aussäen erntebereit. Wer den ganzen Sommer über Bohnen ernten möchte, sollte sie im Zeitabstand von 2–3 Wochen aussäen, so wachsen immer wieder frische nach.

Pflege

Regelmäßig gießen. Der Boden sollte vor der Aussaat mit Kompost angereichert werden. Bohnen versorgen den Boden mit Stickstoff (siehe Leguminosen Seite 18) und brauchen deshalb keine weitere Düngung.

Feuerbohnen

Die Feuerbohne *(Phaseolus coccineus)* habe ich in meinem zweiten Gartenjahr kennengelernt. Ich sah nämlich bei Freunden im Garten hübsche rankende Pflanzen mit orangeroten Blüten zwischen lindgrünen Blättern. Diese Pflanze, die Feuerbohne heißt, wie ich dann erfuhr, hatten sie sich als schön anzusehenden Sichtschutz wachsen lassen. Ganz nebenbei liefert sie gut schmeckende Bohnen, die sich auch trocken aufbewahren lassen.

Ihre Ranken werden normalerweise bis zu 4 Meter lang. Feuerbohnen sind bestens geeignet für Gartenanfänger, denn sie stellen keine besonders hohen Ansprüche an den Boden und sind nicht kälteempfindlich. Ein rundherum empfehlenswertes Gemüse, nicht nur für den biveganen Garten!

Tipi oder Rosenbogen als Rankhilfe

Feuerbohnen benötigen Rankhilfen, an denen sie schnell emporwachsen. Übrigens lässt es sich gut beobachten, dass sie sich immer links herum an der Stange hochwinden.

Um eine passende Rankhilfe zu errichten, sind der Kreativität keine Grenzen gesetzt. Geeignet sind beispielsweise Holzstangen, fertige Rankgerüste, ein Rosenbogen oder selbstgebaute Tipis. In einem Gartenratgeber las ich, dass man auch eine ganze Feuerbohnenlaube bauen kann, indem man mehrere Bögen hintereinander aufbaut. Darunter lässt es sich bestimmt schön sitzen, gerade wenn es im Hochsommer sehr heiß ist!

Ich habe es mit den selbstgebauten Tipis versucht, denn sie sehen originell aus und die Bohnenpflanzen wachsen ganz schnell daran nach oben. Schon nach 2–3 Monaten ließen sich die langen reifen Hülsen ernten. Regelmäßige Ernte sorgt dafür, dass wieder ansetzen.

DER BIOVEGANE TIPP

Bohnen immer mit der »Kerbe« nach oben legen, denn an dieser Stelle tritt der Keimling aus und kann so leichter sprießen.

Anbau

Ab Ende April/Anfang Mai bis Ende Juni kann man Bohnen setzen. Schon ab 10 °C ist der Boden warm genug dafür. Die Bohnen vorher über Nacht in lauwarmen Wasser oder Kamillentee einweichen.

Anschließend pro Rankstange 4–5 Samen in das Pflanzloch legen. Hinweis: Bohnen nur 2, höchstens 4 Zentimeter flach in die Erde legen. Eine alte Gartenweisheit für das Setzen von Bohnen besagt, dass »Bohnen die Glocken läuten hören sollen«. Das lässt sich wunderbar merken, und es gilt auch für Buschbohnen und alle anderen Sorten von Stangenbohnen.

Sollten Schnecken im Garten zu sehen sein, die Samen und jungen Pflänzchen mit einem Vlies oder Pflanzenhut schützen.

Feuerbohnen immer flach in die Erde setzen.

Die 10 leckersten Gemüse für den biveganen Garten

DER BIOVEGANE TIPP

Als Veganer wird man oft gefragt: »Wo bekommst du denn jetzt dein Protein her?« Darauf lässt es sich nun antworten: »Von den Bohnen aus meinem Garten!« Denn Bohnen und andere Hülsenfrüchte enthalten enorm viel pflanzliches Eiweiß, »unsere« Feuerbohnen sogar 11,5 % Protein pro 100 Gramm und dabei nur 0,5 g Fett!

Pflege

Trockenheit mögen Feuerbohnen nicht, regelmäßiges Gießen ist also angesagt. Doch sonst sind Feuerbohnen, auch Prunkbohnen genannt, wirklich pflegeleicht! Zur Nährstoffversorgung den Boden mit Beinwellblättern mulchen und alle 2 Wochen mit einer 1:10 verdünnten Beinwelljauche gießen. Ebenso kann man alle 4 Wochen etwas Kompost in den Boden um die Pflanzen herum einarbeiten. Regelmäßig ernten.

Übrigens: Auch die früh geernteten Blüten sind essbar, sie machen sich zum Beispiel wunderbar in einem Wildkräutersalat!

Die Wurzelballen mit den Knöllchen können im Herbst aus dem Boden genommen und im nächsten Jahr wieder verpflanzt werden. Sie sollten aber nicht austrocknen. Wenn die Wurzeln im Boden verbleiben, sorgen sie dort für eine Stickstoffmehrung.

Vegane Spezialitäten aus Bohnen

Eine Spezialität aus der Steiermark ist ein Salat mit Feuerbohnen – in Österreich bekannt als Käferbohnen – mit Zwiebeln und Kürbiskernöl.

Die Sorte 'Gigantes' wird in der bekannten griechischen Vorspeise in kalter Tomatensauce serviert. Inspiriert davon genießen wir Feuerbohnen gerne in der Kombination mit Tomatensauce, am besten mit Tomaten aus dem eigenen Garten.

Feuerbohnen blühen wunderhübsch am Bohnentipi.

Die Hülsen der Feuerbohnen werden sehr groß.

Grünkohl

Grünkohl *(Brassica oleracea)*, auch Winterkohl, Krauskopf oder »Palme des Nordens« genannt, stammt ursprünglich aus dem Mittelmeergebiet. Er bildet keinen (Kohl-)Kopf, sondern besteht komplett aus Strunk und dunkelgrünen, stark gekräuselten Blättern.

Seine Erntezeit ist von Oktober bis April. Grünkohl bietet die Möglichkeit, selbst im tiefen Schnee frisches Gemüse zu ernten. Er verträgt sogar Minusgrade bis −15 °C und ist damit die winterhärteste Kohlart überhaupt.

Gemüse der Superlative

Grünkohl ist das Gemüse mit dem höchsten Kalziumgehalt, nämlich 150 mg pro 100 g! Außerdem enthält er Eisen, Eiweiß und wertvolle Vitamine.

Sein hoher Vitamin-C-Gehalt liegt zwischen 100 und 150 mg pro 100 g und wird übrigens durch Erhitzen nicht verringert, sondern noch gesteigert! Außerdem enthält er Omega-3-Fettsäuren.

Es gibt geniale vegane Rezepte mit Grünkohl. Besonders lecker finde ich ihn in der Kombination mit Räuchertofu. Bei so vielen Superlativen ist es kein Wunder, dass es ganze Bücher nur über Grünkohl gibt und er eine große Fangemeinde hat.

Anbau

Die Aussaat wird von Mai bis Juli auf einem extra dafür vorgesehenen Anzuchtbeet vorgenommen. Wenn die Pflanzen groß genug sind, kommen sie an ihren tatsächlichen Standort im Gemüsebeet. Grünkohl bevorzugt ein sonniges Plätzchen, er gedeiht aber auch im Halbschatten. Die Erde vorher mit Kompost anreichern und die Jungpflanzen im Abstand von 15 cm bis August auf das Beet pflanzen.

DER BIOVEGANE TIPP
Grünkohl schmeckt am besten, nachdem er schon einmal Frost abbekommen hat. Er enthält übrigens viel Kalzium.

Pflege

Grünkohl ist pflegeleicht. Die Jungpflanzen sollte man regelmäßig gießen und im September einmalig mit 1:10 verdünnter Brennnesseljauche düngen. Nur die äußeren Blätter ernten, so wächst er immer wieder nach.

Der winterharte Grünkohl – die »Palme des Nordens«.

Kohlrabi

Kohlrabi *(Brassica oleracea* var. *gongylodes)* ist ein bekanntes und beliebtes Gartengemüse. Die Pflanze hat langestielte Blätter und bildet eine runde oder ovale Sprossknolle. Es gibt weiße und blauviolette Sorten. Die weißen Sorten sind etwas zarter, die blauen finde ich im Geschmack kräftiger. Es gibt eine große Sorte, die 'Superschmelz' heißt. Kleine Kohlrabi werden übrigens »Kohlräbchen« genannt.

Ich liebe Kohlrabi seit der Kindheit. Die Knolle gehört für mich zu den allerersten Erinnerungen an unser Gemüsebeet, denn ich bin als Kind schon gerne im Garten gewesen und habe dort geholfen. Kohlrabi haben wir dann in kleinen Scheiben direkt vom Beet gegessen, das war sozusagen meine erste Rohkosterfahrung.

Die leckeren Knollen kann man von Mitte Mai bis Oktober ernten. Man sollte ihn nicht zu lange auf dem Beet stehen lassen, sonst kann er holzig werden. Kohlrabi ist ein Klassiker, der einfach in jedem Gemüsegarten einen Platz bekommen sollte.

Anbau

Kohlrabi mag einen sonnigen Platz und nährstoffreichen Boden. Das Beet vorher mit reichlich Kompost anreichern.

Pflege

Kohlrabi liebt Wärme und Feuchtigkeit. Darum sollte man ihn mulchen und regelmäßig gießen.

Der Kohlrabi liebt Feuchtigkeit und Wärme.

Für Kohlrabi das Beet vorher mit Kompost anreichern.

Paprika

Die Paprikaschote *(Capsicum annuum)* ist ein schmackhaftes Fruchtgemüse, das aus Mittelamerika stammt. Die Früchte gibt es in allen möglichen Farben, unter anderem auch in Lila oder Schwarz. Am bekanntesten sind die grünen, gelben oder roten Paprikaschoten. Sie schmecken fruchtig-säuerlich.

Die roten Paprikafrüchte werden in vollreifem Zustand geerntet und enthalten ungefähr doppelt so viel Vitamin C wie die grünen oder gelben Früchte, nämlich 250 mg. Das bedeutet, dass der Vitamin-C-Gehalt auch den der meisten Gemüsesorten hierzulande übertrifft.

Die Paprika liebt Wärme und Wasser

Paprikapflanzen brauchen sehr viel Wärme, darum pflanze ich sie an den sonnigsten Platz, den ich im Garten finden kann. Man kann die wärmehungrige Pflanze auch in Kübel pflanzen. Die Kübelerde beim Einpflanzen mit Kompost und Gesteinsmehl anreichern.

Ansonsten braucht man für die Paprikareife Glück mit dem Sommer. Wenn es ein zu kühler Sommer ist, fällt die Ernte der Früchte oft nicht besonders ergiebig aus.

Anbau

Erst wenn es warm ist auf das Beet pflanzen. Der Pflanzabstand sollte mindestens 50 cm betragen. Kompost und Gesteinsmehl oder Holzasche mit in das Pflanzloch geben. Die Pflanze bevorzugt einen nahrhaften und lockeren Boden. Mit Pflanzenhut oder Vlies abdecken, wenn es noch einmal kühl wird.

Wenn die Paprikapflanze sehr groß wird, sollte man sie mit Stäben abstützen.

Pflege

Paprika viel mit warmem Wasser gießen, wenn möglich mit Regenwasser. Einmal pro Woche mit 1:10 verdünnter Beinwelljauche oder flüssigem veganen Dünger versorgen. Wenn man den kleinen Fruchtansatz sieht, noch häufiger gießen, denn Paprikafrüchte brauchen für ihr Wachstum enorm viel Wasser.

Für Paprika empfiehlt sich deshalb ganz besonders eine Mulchschicht. Gerade bei heißem Wetter im Hochsommer, das die Paprikapflanze so liebt, trocknet der Boden schnell aus. Dem kann man durch das Mulchen vorbeugen. Somit erspart man sich auch das häufige Gießen. Es reicht dann, die gemulchten Paprikapflanzen zweimal die Woche durchdringend zu gießen. Paprikaernte ist vom Spätsommer bis zum Herbst.

Lange, warme Sommer bescheren reiche Paprikaernte.

Salate

Einen Gemüsegarten ohne Salate kann ich mir nicht vorstellen. Konventionell angebauter Salat weist oft einen enormen Pestizidgehalt auf, sodass man kein »Öko« sein muss, um Salate lieber in Bioqualität zu genießen. Die Steigerung davon ist natürlich ein Salat aus dem Garten, der biovegan angebaut ist.

Es gibt unzählige Sorten. Empfehlenswert ist **Lollo Rosso.** Da gibt es den zarten 'Lollo Bionda' mit seinen stark gekrausten, hellgrünen Blättern. Sehr unempfindlich ist die Variante mit den weinroten Blättern. Lollo-Rosso-Salate wachsen nach der Ernte, wenn man ein paar Blätter stehen lässt, immer wieder nach.

Auch **Rucola** ist unkompliziert und sehr schnell erntereif. Die stark geschlitztblättrigen Sorten der Wilden Rauke sind relativ sicher vor Schnecken. Rucola ist wegen des

Senföls sowieso keine Lieblingsnahrung der Schnecken, an den feinen Blättern finden sie schlecht Halt.

Vitaminspender

Einige Pflücksalatsorten, beispielsweise **Catalogna** und **Pak Choi,** pflanze ich jedes Jahr in Balkonkästen. So kann man ganz bequem immer wieder Salat ernten. Selbst wenn es mal eine Schneckeninvasion und viel Regen geben sollte, dieser Vitaminspende ist einem sicher.

Das Herz der Salate sollte man immer stehen lassen, denn nur so wachsen die Blätter wieder nach. Wenn man geschickt plant, kann man das ganze Jahr über Salat ernten. Beinahe täglich ernten wir knackig frischen Salat. Schon im Februar fängt es an mit der Vorkultur der frühen Sorten. Danach kann man laufend Salat aussäen, pflanzen und ernten. Toll sind auch Mischungen, zum Beispiel von Asiasalaten.

Auch im Herbst kann man noch einige Sorten pflanzen, zum Beispiel **Feldsalat,** der auch unter dem Namen »Rapunzel« bekannt ist. Besonders gerne mag ich Spinatblätter als Salat. Auch der klassische **Kopfsalat** darf nicht fehlen. Ein weiterer Favorit ist ein Herbstsalat mit **Zuckerhut.**

Der folgende Salatkalender soll eine Inspiration für die Planung sein, ist also nicht vollständig:

Mit ein wenig Planung kann man die ganze Saison über eigenen Salat ernten.

SALATKALENDER

Im Frühjahr: Kopfsalat, Pflücksalate, Pak Choi, Rucola, Lollo Rosso.
Im Sommer: Eisbergsalat, Pflücksalate, Rucola, Friséesalat, Eichblattsalat, Radicchio.
Im Herbst: Feldsalat, Zuckerhut, Spinat.
Im Winter: Feldsalat, Endivien, Portulak (auch Postelein genannt).

DER BIOVEGANE TIPP
Die Tütchen mit dem Saatgut nach Aussaattermin sortieren und der Reihe nach in einen Korb o. Ä. legen.

Das ganze Jahr frischen Salat ernten

Am besten macht man sich dafür einen Plan. So ein »Salatplan« ist schnell aufgestellt. Einfach Salatsorten nach Geschmack zusammenstellen und nach Jahreszeiten gliedern.

Auf den Saatguttüten steht jeweils, wann Vorkultur, Aussaat und/oder Pflanzung möglich ist.

Drei Salat-Tipps für die vegane Küche

- Delikat schmecken Sonnenblumenkerne, in einer Pfanne ohne Fett angeröstet und über den Salat gestreut!

- Mit Blüten der Kapuzinerkresse oder Ringelblumen bekommt ein Salat hübsche Farbtupfer.

- Mit einer Portion in Bratöl angeschmorten Pilzen (Pfifferlinge, Shiitake) wird Salat zur leckeren Hauptmahlzeit.

Anbau

Das Beet gut vorbereiten. Salat liebt einen lockeren und humusreichen Boden. Das erreicht man, indem man trockenen, krümeligen Kompost in die Erde einarbeitet. Die Salatpflanzen dabei nicht zu tief in die Erde setzen. Damit man durchgehend Salat ernten kann, sollte man alle 3 Wochen nachsäen oder -pflanzen.

Pflege

Im Grunde ist Salat sehr unkompliziert. Regelmäßig gießen und Schnecken fernhalten. Salat nicht mit Jauche düngen.

Pflücksalat der Sorte 'Catalogna'. Man sollte das Herz immer stehen lassen, dann wachsen die Blätter nach.

Asiasalat im Blumenkasten – ein schneckensicherer und würziger Vitaminspender.

Sellerie

Knollensellerie *(Apium graveolens* var. *rapaceum)*, auch Wurzelsellerie genannt, ist ein richtig gutes altes Küchengemüse. Seine Knollen können bis zu 900 Gramm wiegen und wachsen bis Ende Oktober. Sellerie gibt Gemüsesuppen und Eintöpfen die richtige Würze. Nicht zu vergessen ist er in der veganen Küche in Form von Sellerieschnitzeln eine feine Sache. Auch die Blätter sind als Würzmittel delikat.

DER BIOVEGANE TIPP

Sellerieknollen, die aufbewahrt werden sollen, nicht waschen, auch wenn dies ungewohnt ist. Dies schützt die Knolle vor Schimmelbildung. Die Knollen kühl lagern.

Praktisch für die vegane Suppenküche

Mit Sellerie lässt sich ganz leicht ein Suppengewürz herstellen. Einfach die Knolle zerkleinern und zusammen mit anderem Gemüse, beispielsweise Lauch und Karotten, in Salz einlegen. So hat man ein haltbares Gewürz zur Herstellung von Gemüsebrühe, und das ganz ohne Hefeextrakt! Am besten in dunkle Gläser abfüllen. Das Gewürz hält ungefähr 6 Monate.

Anbau

Beim Anbau von Sellerie im Garten muss einiges beachtet werden, er gehört nicht zu den pflegeleichten Gemüsesorten. Mein erster Sellerie aus dem Garten schmeckte zwar sehr würzig, die Knolle war jedoch gerade mal so groß wie eine Mandarine. Dass die Knolle so »mickrig« war, lag daran, dass ich den erhöhten Nährstoffbedarf des Starkzehrers nicht beachtet hatte. Sein Wasserbedürfnis ist ebenfalls sehr hoch.

Ab Mitte Mai – bzw. wenn es wirklich wärmer wird – kann der frostempfindliche Sellerie in das vorbereitete Beet gepflanzt werden. Dabei einen Pflanzabstand von 40 Zentimetern einhalten.

Der Spross der Knolle in der Mitte des Stiels wird als das Pflanzherz bezeichnet. Diese Stelle beim Einpflanzen nicht mit Erde bedecken, denn so verformt sich die Knolle beim Wachsen nicht.

Pflege

Sellerie viel gießen. Regelmäßig (ungefähr alle 10 Tage) mit 1:10 verdünnter Beinwelljauche düngen. Durch das darin enthaltene Kalium wird die Knollenbildung angeregt. Mit Grasschnitt mulchen.

Knollensellerie im Beet mit halbgarem Kompost vordüngen.

Tomaten

Die Tomate *(Lycopersicon esculentum)* gelangte im 16. Jahrhundert nach Europa. Es ist kaum zu glauben, aber wahr, dass sie anfangs nur als Ziergewächs angebaut wurde. Die Früchte eroberten aber schnell die Salatschüsseln und Kochtöpfe. Heute gehören Tomaten zu den beliebtesten Gemüsesorten.

Man hört immer wieder, dass Tomaten aus dem eigenen Garten oder vom Balkon am köstlichsten sind. Vielleicht liegt es ja auch daran, dass man sie bewusster genießt. Mir geht es jedenfalls ganz genauso. Die kleinen Kirschtomaten zum Beispiel naschen wir oft schon im Vorbeigehen, sie sind so aromatisch, dass sie auch ganz ohne Gewürze sehr lecker sind.

Hinreißend schmeckt ein Bruschetta mit frischen Tomaten, gemischt mit allen mediterranen Kräutern, die der biovegane Garten gerade hergibt.

Viele Sorten

Für den Anbau stehen unzählige alte und neue Sorten zur Auswahl. Ob Datteltomaten, Kirschtomaten, grüne, gelbe, gestreifte, ob Rispen-, Flaschen- oder riesige Fleischtomaten. Auch bei der Anbauart unterscheidet man unterschiedliche Typen, es gibt Stab-, Spalier- und Buschtomaten.

Anbau

Was alle Tomatensorten gemeinsam haben: Sie brauchen zum Wachsen einen sonnigen, geschützten Platz. Und sie mögen keine Nässe von oben!

Hauswände an der Sonnenseite mit Überdachung bieten sich beispielsweise als Platz für Tomaten in Töpfen

DER BIOVEGANE TIPP

Buschtomaten tragen viele Früchte eng nebeneinander und sind besonders gut für den Anbau in kleinen Gärten oder auf Balkons geeignet. Eine Sorte heißt sogar 'Balkonstar'. Für jeden Geschmack ist etwas dabei. Ich habe dieses Jahr acht verschiedene Biosorten gepflanzt. Darunter zum Beispiel 'Matina', eine Demeter-Tomate, die Cocktailtomate 'Tiny Tim' und die 'Rote Murmel', die genauso aussieht wie sie heißt.

an. Tomaten im Freiland lassen sich mit einem Tomatenvlies schützen.

Die meisten Sorten werden im März vorgezogen. Am besten fährt man, wenn man die Informationen auf den jeweiligen Saattütchen berücksichtigt.

Besonders alte Tomatensorten zeigen, wie schützenswert die Vielfalt der Pflanzen ist.

Tomaten erst nach den Eisheiligen auspflanzen. Den Boden zuvor mit Kompost anreichern und im Abstand von 40 Zentimetern pflanzen.

Tomatenhaus

Gerade beim Tomatenanbau träume ich immer von einem Gewächshaus. Solange man noch keines im Garten stehen hat, kann man eine etwas schlichtere Variante verwenden: das Tomatendach oder Tomatenhaus. Man kann es selbst bauen oder fertig kaufen. Es schützt die Tomaten optimal und bietet Platz für mehrere Pflanzen. Am häufigsten werden Stabtomaten angepflanzt. Manche schwören dabei auf spiralförmige Stäbe, ich bevorzuge die gerade Variante.

An den Stäben sollte man die Pflanzen mit einem Jute-Bindfaden oder Ähnlichem befestigen. Es gibt natürlich spezielle Plastikclips, sie sind jedoch nicht so umweltbewusst. Kennt jemand noch den alten Slogan auf den ersten Alternativen zu Plastiktüten? Er hieß »Jute statt Plastik«. Der fiel mir gleich ein, als ich das Jutegarn für den Garten entdeckte.

Pflege

Täglich gießen. Sobald sich die ersten Fruchtansätze zeigen, alle 2 Wochen mit 1:10 verdünnter Beinwelljauche düngen. Mit Tomatenblättern und Stängeln sowie Brennnesselblättern oder Rasen- bzw. Wiesenschnitt mulchen, das hält die Feuchtigkeit im Boden. Gießen sollte man Tomaten übrigens stets von unten!

Ausgeizen, so nennt man das Abknipsen der nachwachsenden Triebe in den Achseln der Hauptstängel, fördert das Wachstum und die Fruchtbildung der Tomaten.

Vor Braunfäule schützen

Eine häufige Krankheit der Tomaten ist die Braunfäule. Verursacht wird sie durch einen Pilz *(Phytophthora infestans)*. Eine der Ursachen dafür ist, wenn die Tomaten von oben nass werden; das begünstigt den Pilzbefall und dessen Ausbreitung. Helfen kann auch, wenn man die Tomaten nicht zu eng nebeneinander pflanzt. Wenn sich die Symptome – braune Blätter und graugrüne Flecken auf den Früchten – trotz aller Vorbeugungsmaßnahmen zeigen, die Pflanzen mit Brennnesseljauche oder einem Sud aus Knoblauch und Zwiebeln besprühen (siehe Seite 46). Pflanzen, die nicht mehr gerettet werden können, dürfen nicht mit den Blättern der anderen Tomatenpflanzen in Berührung kommen und sollten vollständig entfernt werden. Die kranken Pflanzenteile nicht auf dem Kompost entsorgen!

Tomaten und Kapuzinerkresse unter dem Tomatendach.

Topinambur

Topinambur *(Helianthus tuberosus)*, auch Erdbirne genannt, ist verwandt mit der Sonnenblume. Er wird bis zu drei Meter hoch, die Blüten sind etwas kleiner als die der Sonnenblume, doch sonst sehen sie ihrer Verwandten sehr ähnlich.

DER BIOVEGANE TIPP
Einige Knollen neben dem Gartenzaun eingegraben, bilden mit ihren gelben Blüten einen malerischen Rahmen, wie in alten Bauerngärten. Topinambur ist wunderbar als Wind- oder Sichtschutz geeignet.

Gesunde, leckere Knollen

Die Knollen des Topinamburs sind etwas größer als Kartoffeln und haben ingwerähnliche Wurzeln. Bekannte wohlschmeckende Sorten sind 'Bianka' und 'Die gute Gelbe'. Die Wurzeln vermehren sich kräftig durch Ausläufer. Oft sorgen Wühlmäuse auf natürliche Weise dafür, dass sich die Pflanzen nicht so stark ausbreiten. Auch diese Nager haben eine Vorliebe für die Knollen.

Die Knollen enthalten Kalzium, viel Eisen und 16 % Inulin. Das Inulin ist nicht zu verwechseln mit Insulin – es ist eine spezielle Stärke, die zu Fructose umgewandelt wird. Auch die dünne Schale ist essbar. In einigen veganen Kochbüchern gibt es raffinierte Rezepte. Delikat schmeckt Topinambur in Scheiben geschnitten und frittiert. Die Knollen können gekocht und roh gegessen werden. Es gibt sogar einen Saft und Schnaps aus Topinambur!

Die Erntezeit der Knollen ist von Oktober bis Mai. Topinambur ist so frosthart, dass die Pflanze sogar Temperaturen bis zu −30 °Celsius verträgt!

Anbau

Topinambur kann man von März bis Mai anbauen. Dazu die Knollen ungefähr 8–15 cm tief mit etwas Kompost eingraben. Topinambur wächst auf fast jedem Boden, ganz besonders gut aber, wenn er locker ist. Der Standort sollte sonnig bis halbschattig sein.

Pflege

Im Frühling das Wildkraut um die Pflanzen herum jäten, damit die jungen Triebe sprießen können. Nach dem Absterben der Pflanzenteile im Herbst diese bis 10 cm über dem Boden abschneiden. Vergessene Knollen und Wurzelstücke treiben übrigens nach dem Frost wieder aus, lockern den Boden und sind ein guter Gründünger.

Topinambur hat starke Ausbreitungstendenzen, aus einer Knolle können bis zu fünfzig neue Pflanzen entstehen. Am besten daher regelmäßig ernten, indem man einen Teil mit der Grabgabel ausgräbt.

Topinamburknollen kurz vor dem Eingraben. Sie vertragen Frost, solange sie im Boden sind.

Zucchini

Zucchini gehören zum Kürbisgemüse. Sie kommen ursprünglich aus Mittelamerika und gelangten dann nach Italien. Auf Italienisch bedeutet ihr Name »kleine Kürbisse«.

DER BIOVEGANE TIPP

Günstig ist es, eine Gießkanne mit Regenwasser zu füllen und tagsüber am Beet stehen zu lassen. So hat man immer warmes Gießwasser für die wärmeliebenden Pflanzen.

Große Auswahl

Neben den bekannten grünen Zucchini (etwa die Sorte 'Zarte Grüne') gibt es viele weitere Züchtungen: darunter sind leuchtend gelbe, hellgrüne, gestreifte, rundliche und rankende Formen. Herrlich sind auch die »Patissons«, die mit ihrer Tellerform und dem welligen Rand an ein Ufo erinnern und manchmal zu den Kürbissen gezählt werden.

Die ertragreichen Pflanzen machen speziell Gartenanfängern richtig Freude, da sie leicht anzubauen, und anspruchslos in der Pflege sind.

Anbau

Zucchini sind frostempfindlich, darum sollte man sie erst ab Mitte Mai, also nach den Eisheiligen, auf das Gartenbeet pflanzen. Beim Pflanzen mindestens einen Meter Abstand halten, weil sie große, weit abstehende Blätter bekommen. Obwohl Zucchini jeweils männliche und weibliche Blüten an einer Pflanze tragen, habe ich immer mindestens zwei Zucchinipflanzen im Beet. So ist die Wahrscheinlichkeit einer Bestäubung der Blüten und damit der Fruchtbildung höher als bei nur einer Pflanze.

Zucchini gedeihen am besten an einem sonnigen und windgeschützten Standort. Die Erde vorher lockern und mit halbreifem Kompost anreichern.

Da sie Wärme sehr mögen, bietet sich eine Mulchschicht an, beispielsweise aus Rasen- oder Wiesenschnitt. Diese Bodenbedeckung hält die Erde gleichmäßig warm. Dabei darauf achten, die Schicht nicht zu eng an die Pflanze zu legen, vor allem sollte das allmählich verrottende Material die Stiele nicht berühren, denn sonst droht Fäulnis!

Pflege

Zucchini zählen zu den Starkzehrern, d.h., sie brauchen viele Nährstoffe. Darum ist es ratsam, sie alle zwei Wochen mit verdünnter Beinwell- oder Brennnesseljauche zu düngen. Günstig ist es auch, sie direkt auf den Kompost zu pflanzen.

Zucchinipflanze im Beet mit ihren ersten Blüten.

Die bald wachsenden, jungen Früchte nun regelmäßig pflücken, wenn sie etwa 20 cm lang sind. Dann sind sie besonders wohlschmeckend. Zucchini bilden immer wieder neue Früchte und man kann bis in den Herbst hinein fortlaufend ernten. Ausgewachsen können Zucchini so groß wie Kürbisse werden.

Zucchini in der veganen Küche

Die leckeren Früchte (aller Sorten!) sind für Gemüsegerichte sehr beliebt, natürlich auch in der veganen Küche. Sehr gut schmecken ebenso die Blüten, sie gelten im Mittelmeerraum als Delikatesse.

Hier eines meiner »Gartenrezepte«: Knoblauch und schmale Zucchinistreifen in Olivenöl anbraten, salzen, pfeffern und mit frischer Petersilie bestreuen. Sehr lecker als Vorspeise oder als Brotbelag.

Sehr beliebt in der vegane Küche sind Zucchini auch als Zucchinispaghetti. Einmal als Rohkost oder mit einer Cashew- oder Tomatensauce – ein Gedicht!

DER BIOVEGANE TIPP

Für kleine Gärten bieten sich rankende Sorten an, zum Beispiel 'Tondo chiaro di Nizza'. Diese Sorte wächst erst buschig und klettert dann an Rankhilfen nach oben. Sie entwickelt viele hellgrüne, aromatische Früchte, die sich besonders gut zum Füllen eignen.

Auch im Kübel gedeihen Zucchini gut. Ich dünge sie immer mit Beinwelljauche.

Einen biveganen Kräutergarten anlegen

Für einen Kräutergarten sollte man die Beete gut vorbereiten, sämtliche Wildkräuter entfernen und den Boden lockern. Kräuter sind Sonnenkinder, also empfiehlt es sich, als Standort einen möglichst sonnigen Platz auszusuchen.

Wer Kräuter als Pflanzen kaufen möchte, sollte das am besten in Gärtnereien tun und darauf achten, dass die Pflanzen wirklich gesund sind. Um dies zu prüfen, ruhig die Pflanzen etwas aus dem Topf ziehen und sich die Wurzeln anschauen. Sind sie weiß und durchziehen den ganzen Ballen, ist es eine kräftige Pflanze. Nach dem Kauf direkt in einen größeren Topf umtopfen oder direkt in das Beet oder die Kräuterspirale pflanzen.

Wer direkt ins Freiland säen möchte, kann einfach auf den Saatguttütchen schauen, wann der richtige Zeitpunkt dafür ist. Bei vielen Kräutern klappt das recht gut.

Kräuter im Topf und auf dem Balkon

Man kann Gewürzpflanzen auch wunderbar auf dem Balkon ziehen. Sehr hübsch finde ich es, dabei Blumen mit den Kräutern zu mischen. Letztes Jahr hatte ich Gänseblümchen und Dill sowie Petunien und Majoran in einem Kasten. Schön sind auch mit Kräutern bepflanzte Tonkrüge und Terrakotta-Töpfe.

An einem sonnigen Platz im Garten kann man einen wunderschönen Kräutergarten anlegen.

Die meisten Kräuter mögen Wärme. Manche von ihnen können bei uns auch im Topf überwintern, etwa Rosmarin und Lavendel. Praktisch ist es, diese gleich in Kübel zu pflanzen und im Winter bei lang anhaltenden Frostperioden ins Haus zu holen.

Als Erde für Topf und Kasten nehmen wir eine Mischung aus Blumenerde, Sand und ein wenig Komposterde. Zuunterst legt man eine Drainage aus Tonscherben oder Kies.

Kräuter düngen – nur mit Maß

Beim Düngen von Kräutern gilt ganz allgemein: »Weniger ist oft mehr.« Überdüngte Kräuter verlieren an Aroma und an gesunden Inhaltsstoffen. Zur Düngung etwas Kompost unter die Erde heben und darauf achten, dass diese locker und gut wasserdurchlässig ist, denn gut wasserdurchlässig ist, denn Staunässe vertragen Kräuter überhaupt nicht!

Die Sonnenfalle – ein wunderschöner Wärmespeicher für das Kräuterbeet

Als Veganerin habe ich eine Abneigung gegen Fallen. Doch gegen eine »Sonnenfalle« habe ich überhaupt nichts einzuwenden. Ich habe diese Methode bei der Permakultur entdeckt – sie ist eine unglaublich einfache und dabei geniale Sache, ideal für die mediterranen Kräuter, die Sonne und Wärme lieben.

Man sucht sich für die Sonnenfalle einen passenden Platz; bei mir im Garten habe ich sie neben die Kräuter an einer Stelle aufgebaut, wo die Sonne direkt hinscheint. Dort stapelt man einen Turm aus größeren Steinen auf. Die Wärme wird in den Steinen gespeichert und diese wärmen anschließend die nähere Umgebung. So erhalten die Kräuter eine Extraportion Wärme. Die Steine bieten außerdem einen Lebensraum für Tiere.

DER BIOVEGANE TIPP

Es gibt unterschiedliche Erntezeiten für die verschiedenen Kräuter. Beispielsweise sollte man Salbei, Bohnenkraut und Majoran kurz vor der Blüte ernten, Dill jedoch ganz frisch und Oregano und Pfefferminze während der Blüte. Dann sind die ätherischen Ölen jeweils am aromatischsten.

Das Schöne ist auch, dass dies eine Methode ohne jegliche Nachteile für die Umwelt ist – einfach passend für den biveganen Garten.

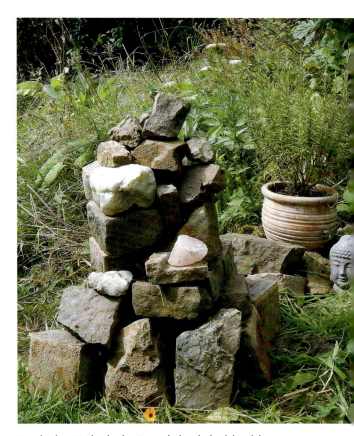

Durch eine Methode der Permakultur habe ich mich zu dieser Sonnenfalle aus Steinen inspirieren lassen.

Die 10 würzigsten Kräuter für den bioveganen Garten

Ein blühender und duftender Kräutergarten ist ein Geschenk für die Sinne. Oregano, Thymian, Majoran – schon die Namen der Kräuter erinnern an ihren Duft. Würzige Kräuter aus dem eigenen Garten bereichern jede vegane Küche!

Bohnenkraut

Das Sommerbohnenkraut (Satureja hortensis) ist ein einjähriges hocharomatisches Gewürzkraut. Die Pflanze hat feine Blättchen und weiße bis hellviolette Blüten. Die Blütezeit ist von Juli bis Oktober.

Während der Blüte ist das warme, angenehme Aroma der Blätter am intensivsten. Wenn man das Kraut vor der Blüte bis auf 10 cm zurückschneidet, bildet es wieder reichlich neue Triebe nach. Auch getrocknet hat Bohnenkraut eine starke Würzkraft.

Es schmeckt natürlich sehr gut zu Bohnen, passt jedoch genauso zu mediterranen Gerichten. Herrlich mundet es auf veganer Pizza. Genial ist es auch als Würze für Öl und Essig.

Anbau

An einem sonnigen und windgeschützten Standort aussäen. Da die Samen Lichtkeimer sind, nur leicht andrücken und nicht mit Erde bedecken. Die Samen des Bohnenkrauts sind so klein, dass man sie am besten in ein geknicktes Blatt Papier legt und dann vorsichtig in die Saatrillen rieseln lässt. Vorsichtig angießen, es empfiehlt sich eine kleine Gießkanne mit Brause. Alternativ kann man auch eine gekaufte Pflanze umtopfen. Am besten in Mischkultur mit Bohnen pflanzen. Bohnenkraut liebt einen lockeren und humusreichen Boden.

Pflege

Bohnenkraut kommt besser mit Trockenheit als mit Nässe zurecht, darum wenig gießen. Es ist frostempfindlich und sät sich selbst wieder aus.

Würziges Bohnenkraut – lecker auf veganer Pizza!

Lavendel

Der Lavendel *(Lavandula)* ist vor allem für seinen wunderbaren Duft bekannt. Wer hat nicht schon von den Lavendelfeldern in der Provence und von Grasse, der »Stadt der Düfte« ,gehört. Dort blüht der Echte Lavendel *(Lavandula angustifolia),* aus dem das kostbare Parfumöl gewonnen wird. Lavendel duftet jedoch nicht nur angenehm, er verfügt auch über erstaunliche Heilkräfte und ist gut für Körper und Seele.

Arten- und Sortenvielfalt

Es gibt über 30 verschiedene Lavendelarten neben dem Echten Lavendel. Wundervoll duftet auch der Schopflavendel *(Lavandula stoechas),* erkennbar an seinen weichen kurzen Blütenähren. Und Englischer Lavendel *(Lavandula × intermedie)* wird zur Herstellung von Lavandin verwendet, das in Seifen, Waschmitteln und Haushaltsreinigern für den angenehmen frischen Duft sorgt.

Lavendelsommer

Vieles spricht also für den Anbau von Lavendel im Garten. Er ist pflegeleicht, duftet gut und sieht schön aus. Zu alldem blüht Lavendel dauerhaft und wird oft von summenden Hummeln umschwirrt. Er bringt eine südliche Sommerstimmung in unsere Gärten. Die lilafarbenen Blüten schmücken bis in den Spätsommer Gärten und Balkone. Kein Wunder, dass er so beliebt ist!

Anbau

Lavendel liebt einen sonnigen, windgeschützten Standort. Der Boden sollte trocken und durchlässig sein. Beim Einpflanzen eine Drainage aus Tonscherben in das Pflanzgefäß schichten und die Erde mit etwas Sand mischen.

DER BIOVEGANE TIPP

Beim Zurückschneiden darf man Lavendel auf keinen Fall ganz bis in das alte Holz hinein einkürzen, sondern höchstens um 2/3, sonst treibt er nicht mehr aus!

Pflege

Im Frühjahr und nach der Blüte mit etwas Kompost düngen. Lavendel wenig gießen. Nach der ersten Blüte zurückschneiden, dann treiben noch einmal neue Blüten nach.

Lavendel gehört zu den winterharten Kräutern. Dennoch empfehle ich, die Pflanze vor großer Kälte zu schützen und sie im Winter mit Fichtenzweigen abzudecken. Als Kübelpflanze wird Lavendel an einem hellen, frostfreien Ort im Haus überwintert.

Lavendel bringt südliche Sommerstimmung.

Liebstöckel

Liebstöckel *(Levisticum officinale)* ist eine alte Heil- und Gewürzpflanze, die schon im 9. Jahrhundert in Klostergärten angepflanzt wurde, bis sie später auch die Bauerngärten eroberte. Der Name Liebstöckel kommt vom lateinischen Wort »Ligusticum«, was Ligurien bedeutet. Früher wurde vermutet, dass die italienische Landschaft Ligurien die Heimat des Liebstöckels war. Heute wird davon ausgegangen, dass er von Persien nach Oberitalien gelangte und von dort aus vermutlich von Mönchen weiterverbreitet wurde.

Würzig und gesund

Liebstöckel wird wegen des würzig aromatischen Geschmacks der Blätter auch »Maggikraut« genannt, obwohl er in dem bekannten Würzmittel gar nicht enthalten ist. Er kann durch sein schmackhaftes Aroma jedoch eine komplette Würzmischung ersetzen! Es reichen tatsächlich schon ein, zwei kleine Liebstöckel-Blättchen aus, um einer Gemüsesuppe den letzten Schliff zu geben. Zusätzlich zum intensiven Geschmack enthalten 100 g Blätter 45 mg Vitamin C.

Die Blätter können von Mai bis September geerntet werden. Im Frühjahr ist der Gehalt an ätherischem Öl am höchsten und der Geschmack deshalb am intensivsten. Getrocknet verlieren sie kaum an Aroma. Die Samen lassen sich im Spätherbst ernten; sie halten das Aroma noch länger als die Blätter. Und sogar die Wurzel, im September ausgegraben und geschnitten, kann man trocknen und als Gewürz verwenden.

Anbau

Liebstöckel kann ab Februar im Haus in Pflanzschalen vorgezogen oder ab Ende März bis Ende April direkt ins Freiland ausgesät werden. Es wird empfohlen, Liebstöckel als Solitär, also alleinstehend, zu pflanzen, da die Pflanze sehr großwüchsig ist – sie kann bis 2 m hoch werden. Auch die Wurzeln nehmen viel Platz ein; daher sollte man darauf achten, dass die Erde durchlässig und tiefgründig ist. Liebstöckel mag feuchte Erde und wächst sehr kräftig. Er lässt sich ebenso in großen Kübeln pflanzen.

Im Winter verliert der frostharte Liebstöckel zwar alle Blätter, die Pflanze treibt jedoch im Frühjahr wieder neu aus. Wenn man Liebstöckel einmal im Garten hat, dann bleibt er auch.

Pflege

Zur Düngung die Erde mit Kompost anreichern und um die Pflanze herum mulchen. In den warmen Monaten regelmäßig mit Regenwasser gießen. Staunässe vermeiden!

Liebstöckel wächst sehr kräftig. Wenn man ihn einmal im Garten hat, dann bleibt er auch.

Minze

Minze *(Mentha)* ist eine mehrjährige Heil- und Gewürzpflanze. Sie enthält Menthol, das für seine antibakterielle Wirkung bekannt ist.

Alle Minze-Sorten sehen verschieden aus und haben unterschiedliche Aromen. Ich habe sechs verschiedene im Garten angebaut. Es ist schön, daran vorbeizugehen und mit der Hand durch die Blätter zu streifen, denn ich liebe ihren frischen Duft. Ab und zu pflücke ich mir ein Blatt und genieße beim Kauen den leckeren Pfefferminzgeschmack. Zur Blütezeit haben die Minzen das beste Aroma.

Frischer Duft und Sortenvielfalt

Der Klassiker ist die Pfefferminze *(Mentha × piperita)*. Alle Pfefferminzsorten lassen sich trocknen und als Tee zubereiten. Eine schöne Eigenschaft ist, dass Pfefferminztee im Sommer erfrischt und im Winter wärmt.

Die Krause Minze *(Mentha spicata* 'Crispa') hat gerunzelte Blätter und ein sehr intensives Aroma. Ananasminze *(Mentha suaveolens* 'Variegata') hat gescheckte Blätter und schmeckt mild nach Ananas. Speerminze *(Mentha spicata)* schmeckt nach Zahnpasta oder Kaugummi. Der englische Name »Spearmint« weist schon daraufhin.

Wohlschmeckender Tee

Mein persönlicher Lieblingstee ist jedoch der aus marokkanischer Minze *(Mentha spicata* 'Moroccan'), auch bekannt als Nana-Minze. Diese Minzsorte hat ein wundervolles süßlich-herbes Aroma. Den Tee daraus habe ich bei meiner marokkanischen Freunden kennengelernt. Besonders faszinierend finde ich, von welcher Höhe aus

> **DER BIOVEGANE TIPP**
> Auch aus der minzeartigen Zitronenmelisse *(Melissa officinalis)* mit ihren minzeähnlichen Blättern kann man einen herrlichen Tee aufgießen, der leicht beruhigend wirkt.

sie den Tee von der Kanne in kleine hübsche Glasgläser gießen. Sehr lecker ist Minze auch als Gewürz in Tabouleh- und Bulgur-Salaten.

Anbau

Minze liebt lichten Schatten und einen feuchten und humosen Boden. Ihr feines Wurzelwerk benötigt einen lockeren Boden.

Minze ist sehr wuchsfreudig, es gibt viele Sorten davon. Und sie duftet so schön frisch!

Minzenaroma kann man durchgehend ernten.

DER BIOVEGANE TIPP

Wer das Glück hat, einen großen Garten zu haben, und Minze liebt, kann sich über ihr üppiges Wachstum freuen. Es ist jedoch immer ratsam, ihr einen Platz zu geben, den man gut eingrenzen kann.

Pflege

Alle Minzen brauchen sehr viel Feuchtigkeit. Normalerweise gedeihen sie ohne Düngung. Sollte sie dennoch einen Nährstoffmangel ausweisen, dann wäre eine einmalige Düngung mit Brennnesseljauche, 1:20 verdünnt, die richtige Wahl. Minzen sollte man spätestens nach 3 Jahren umpflanzen, da sie dem Boden viele Nährstoffe entziehen.

Kräuter wie diese Pfefferminze in voller Blüte sind schön anzusehen und eine Nahrungsquelle für vielerlei Insekten.

Oregano

Oregano *(Origanum vulgare)*, auch unter dem Namen »Gemeiner Dost« oder »Wilder Majoran« bekannt, gehört zu den mehrjährigen Gewürzpflanzen. Sein Name kommt aus dem Griechischen und bedeutet »Schmuck der Berge«. Das klingt poetisch, doch es passt zum Oregano, denn seine weißvioletten Blüten sehen aus wie kleine Schmuckstücke. Zur Blütezeit bildet er Blüten in Blassrosa oder Weiß, die meist von Bienen und Schmetterlingen umringt sind.

Diesen Sommer gibt es kaum eine Ecke, wo kein Oregano steht. Er hat sich selbst ausgesät, seine Verwandten in der Kräuterspirale zurückgelassen und sich dem Vagabundenleben verschworen. So schmückt er unseren Garten überall. Oregano ist jedoch zart und verdrängt keine anderen Pflanzen.

Gewürz für Pizza und Pasta

Der aromatische Oregano gehört untrennbar zu Pizza, Pasta und mediterranen Gemüsegerichten. Gerade in der veganen Küche ein Genuss, denn ich kenne keinen Veganer, der nicht mindestens zweimal im Monat Pizza oder Pasta verspeist.

Für die Küche lassen sich frische und getrocknete Oreganoblättchen verwenden. Der Geschmack wird durch das Kochen noch intensiver.

Oregano wird in der Blütezeit geerntet und dann in Sträußen an einem dunklen und luftigen Ort zum Trocknen aufgehängt. Wenn er ganz trocken ist, kann man ihn abrebeln, das heißt, mit den Händen von den Stängeln streifen, die Blätter zerbröseln und in Schraubgläser füllen. Getrocknet haben die Blätter ein intensiveres Aroma. Oregano ist auch ein Bestandteil vieler Kräutermischungen.

DER BIOVEGANE TIPP
Der verwandte Diptam-Dost *(Origanum dictamnus)* von der griechischen Insel Kreta ist ganz besonders würzig!

Anbau

Oregano ist ein Sonnenkind und liebt warmen, mageren Boden.

Pflege

Oregano wenig gießen, im Frühling etwas zurückschneiden.

Ein Schmetterling (Ochsenauge) an Oreganoblüte – ein zauberhafter Moment.

Petersilie

Die würzige Petersilie *(Petroselinum crispum)* stammt ursprünglich aus dem Mittelmeerraum. Ihr Name kommt aus dem Griechischen und bedeutet »Felsensellerie«. Den ätherischen Ölen dieser uralten Heil- und Gewürzpflanze werden krampflösende Eigenschaften nachgesagt. Auch kann Petersilie die Abwehrkräfte stärken, sie enthält nämlich sagenhafte 150 mg Vitamin C pro 100 g. Außerdem ist sie ein echter Klassiker unter den Küchenkräutern. Ich glaube, es gibt kaum jemanden, der Petersilie nicht kennt und schätzt.

Frisch am würzigsten

Ihr würziger Geschmack ist ganz eigen, eine Mischung aus frisch, mild, süßlich und herb. Die glattblättrige Petersilie schmeckt dabei etwas intensiver als die krausen Sorten.

Petersilie schmeckt frisch am aromatischsten, getrocknet und gekocht verliert sie sehr an Aroma. So lohnt sich der Anbau von Petersilie im Garten ganz besonders! Sehr wohlschmeckende vegane Gerichte mit Petersilie sind die Tabouleh-, Bulgur- und Hirsesalate mit einer Handvoll glatter Petersilie und Minze – natürlich frisch aus dem biovegane Garten. Meine Favoriten sind zudem die ganz schlichten veganen Speisen, die man ohne großen Aufwand zubereiten kann. Beispielsweise warme Pellkartoffeln mit etwas gutem Biopflanzenöl übergossen und mit krauser Petersilie bestreut – ein Genuss! Krause Petersilie passt natürlich auch hervorragend zu Spargel und zu Gemüsesuppen. Dieses wunderbare Gewürzkraut sollte einfach in keinem Garten fehlen.

Anbau

Petersilie kann man ab April in kleinen Töpfen vorziehen oder direkt aussäen. Da sie manchmal zögerlich keimt, empfehle ich, Petersilie gleich als Jungpflanze beim Bioladen oder in einer Gärtnerei zu kaufen.

Sie ist frostempfindlich, darum sollte man sie erst ab Mitte Mai, wenn es wärmer ist, auspflanzen. Vor dem Einpflanzen reifen Kompost in das Beet einarbeiten und den Boden lockern. Noch bis Juli kann man Petersilie übrigens im Freiland aussäen.

Petersilie liebt einen sonnigen Platz und feuchten, lockeren Boden.

Pflege

Petersilie gleichmäßig feuchthalten, jedoch Staunässe vermeiden. Im Winter mit Fichtenzweigen abdecken und so vor Frost schützen.

Die Petersilie ist ein echter Klassiker unter den Küchenkräutern.

Rosmarin

Rosmarin *(Rosmarinus officinalis)* ist ein immergrüner Strauch mit aromatischem Duft. Er hat einen harzigen, leicht bitteren Geschmack. Seine hübschen kleinen Blüten wachsen in den Blattachseln. Sie können sich das ganze Jahr über zeigen. Ihre Farben reichen von Weiß, Rosa bis Hellblau. Rosmarin lässt sich nicht nur im Kräuterbeet, sondern ebenso für sich allein an einem Platz im Garten pflanzen. Auch als Kübelpflanze ist er sehr gut geeignet.

Rosmarin in der veganen Küche

Zum Würzen nimmt man die ganzen Zweige, die während des Garens der Speisen ihr Aroma abgeben. Die einzelnen Nadelblätter werden ebenso für viele Gerichte verwendet, zum Beispiel für das italienische Rosmarinbrot »Focaccia«.

Sehr schmackhaft sind auch Rosmarinkartoffeln. Sie sind ein typisches Beispiel dafür, dass ganz einfache Dinge unglaublich gut schmecken können.

So bereitet man Rosmarinkartoffeln zu
800 g kleine ungeschälte Biokartoffeln halbieren. Ein Blech mit Olivenöl bestreichen und mit gehackten Rosmarinnadeln aus dem bioveganen Garten sowie mit Meersalz bestreuen. Die halbierten Kartoffeln einfach auf das Blech und die Gewürze legen. Oben mit Olivenöl und Rosmarin bestreichen. Knusprig backen und genießen. Dazu passt ein veganer Dip aus Yofu (Sojajoghurt).

Anbau

Der Standort für den Rosmarin sollte sonnig, warm und geschützt sein.

Die Pflanze liebt trockene, durchlässige Erde. Bei lehmiger Gartenerde ist es ratsam, etwas Sand dazuzumischen. Ich empfehle, Rosmarin als Pflanze zu kaufen und dann umzupflanzen.

Rosmarin ist mehrjährig, verträgt aber keinen Frost. Um ihn gut zu überwintern, halte ich ihn als Kübelpflanze. Sobald es kalt wird, stelle ich den Kübel in einen hellen, kühlen Raum.

Pflege

Selten gießen, nur darauf achten, dass der Rosmarin nicht vollkommen austrocknet.

Rosmarin duftet harzig und sehr aromatisch. Wer liebt seinen Duft nicht?

Salbei

Salbei *(Salvia officinalis)* ist ein bekanntes Küchenkraut. Als Heilkraut blickt er auf eine lange Tradition zurück, schon das Wort »salvia« kommt von »Heilen«. Salbei enthält starke Wirkstoffe, unter anderem ätherische Öle und Bitterstoffe. Als Mittel gegen Halsschmerzen ist er allseits bekannt. Er hat silbern schimmernde, kräftige Blätter. Ich finde, er gehört zu den Kräutern, an die man nur denkt, und schon steigt einem förmlich der Duft in die Nase.

Gelber Salbei

Es gibt übrigens Salbeiarten, die eine wahre Bienenweide sind, beispielsweise der Klebrige oder Gelbe Salbei *(Salvia glutinosa)*. Seine Blätter erinnern in keiner Weise an den echten Salbei, denn sie sind unauffällig, zart, hellgrün und haben spitze Enden. Er überrascht ab Juli mit herrlichen Blüten, die schon im Vorbeigehen duften. Sie sind eine wahre Pracht und gefallen eben nicht nur uns, sondern auch den Bienen. Aus den süßlich duftenden Blüten kann man einen aromatischen Tee zubereiten.

Ananassalbei

Hinreißend duftet der Ananassalbei *(Salvia rutilans)*. Ich kann diesen wunderbaren Duft gar nicht beschreiben.

DER BIOVEGANE TIPP

Es gibt Hunderte von Salbeiarten. Schön ist es, ein eigenes Salbeibeet oder eine reine Salbei-Kräuterspirale mit mehreren Salbeiarten anzulegen. Es bereichert den Garten mit südlichem Charme und nebenbei mit Blüten, die Insekten anziehen.

Die Blätter des Salbeis *(Salvia officinalis)* sind ein bewährtes Mittel bei Halsschmerzen.

Der Gelbe Salbei wächst auch im Schatten. Seine auffälligen gelben Blüten duften süßlich.

Einfach anbauen und sich daran erfreuen ist mein Tipp zu dieser Salbeiart.

Den Garten mit allen Sinnen wahrnehmen

Bei dieser Gelegenheit möchte ich erwähnen, dass ein Garten für alle Sinne da sein kann, wenn man sich nur dafür öffnet. Schließlich dient das eigene Grün nicht nur dazu, darin möglichst große Gurken oder dicke Kohlköpfe zu ernten.

Es ist ein schönes Gefühl, beispielsweise abends, noch einmal durch den Garten zu gehen, den Duft der Kräuter zu genießen und den Anblick der Blumen – und vielleicht hat man sogar das Glück und sieht ein Glühwürmchen!

Anbau

Salbei bevorzugt ein sonniges Plätzchen und einen trockenen Boden. Ab Mai kann man ihn direkt in das Beet im Abstand von 40 cm pflanzen.

Pflege

Wenig gießen. Im Herbst die Triebe um die Hälfte kürzen. Salbei ist winterhart, doch vor zu großer Kälte sollte man ihn mit Tannenzweigen oder Fichtenreisig bedecken. Salbei in Töpfen am besten im Haus überwintern.

Die Salbeiblätter wirken nicht nur bei Halsschmerzen, sondern auch bei Zahnfleischentzündungen. Das Salbeiöl wirkt dabei entzündungshemmend und zusammenziehend. Für einen Sud einfach ein paar Blätter mit heißem Wasser übergießen, 7–10 Minuten ziehen lassen und dann die Blätter herausnehmen. In kleinen Schlucken trinken.

Ein wunderschöner, blühender Salbei – einer der zahllosen *Salvia*-Arten.

Ananassalbei hat einen ganz besonderen, wirklich ganz herrlichen Duft.

Schnittlauch

Schnittlauch *(Allium schoenoprasum)* gehört zu den Lauchgewächsen. Er hat einen mild-zwiebelartigen Geschmack und enthält Calcium und Eisen.

Schnittlauch ist schon lange in unseren Gärten heimisch. Vielleicht geht es Ihnen genauso – für mich ist er eines der ersten Kräuter, die ich als Kind im Garten geerntet habe.

Ein Gewürz für »Kwaak«

Ich persönlich mag ihn besonders gern im sogenannten »Kwaak«: Dies ist die vegane Bezeichnung für einen Quark, der ganz ohne Milchprodukte, sondern aus Sojajoghurt zubereitet wird.

Schnittlauch passt auch hervorragend zu Gemüsesuppen, Kartoffeln und macht sich gut als Dekoration. Er gehört einfach in jeden Kräutergarten.

Die Blüten des Schnittlauchs sind essbar.

Vor der Blüte ernten

Das beste Aroma hat Schnittlauch vor der Blüte. Getrocknet hat er nur noch sehr wenig Würzkraft. Wenn man Schnittlauch kocht, verliert er an Würze, und bei längerer Aufbewahrung bekommt er einen leicht beißenden Geschmack. Frisch schmeckt er am besten.

Schnittlauch zur Ernte bis 3 cm über dem Boden abschneiden, so wächst er wieder nach.

Schnittlauch ist treu

Schnittlauch ist eine mehrjährige Pflanze, er lässt sich im Frühjahr als eines der ersten Kräuter wieder blicken. Auch in Töpfen und im Balkonkasten kann man ihn anbauen. Er zieht sich im Winter in seinen Wurzelstock zurück und kann jahrelang treu immer wiederkommen.

Anbau

Die Aussaat erfolgt direkt ins Beet ab Anfang April. Nach dem Keimen sollte man die Keimlinge etwas vereinzeln. Genauso bietet es sich an, eine kräftige Bioschnittlauchpflanze im Topf zu kaufen. Diese in einen größeren Kübel oder direkt ins Beet umpflanzen.

Schnittlauch ist, was den Standort angeht, nicht anspruchsvoll, er gedeiht sowohl in der Sonne wie im Schatten. Dabei bevorzugt er einen humosen, mineralstoffreichen Boden.

Pflege

Schnittlauch immer feucht halten. Kräftig mit Kompost düngen. Als Schutz vor Frost etwas mit Nadelzweigen abdecken. In Kübeln gehaltene Pflanzen im Haus überwintern.

Thymian

Thymian *(Thymus vulgaris)* wird auch Gartenthymian, Römischer Quendel oder Immenkraut genannt. Er ist eine uralte Heilpflanze. Schon in der Antike wusste man von seiner positiven Wirkung bei Erkrankungen der Atemwege. Heute ist das nicht anders, denn dass das enthaltene Thymianöl antibakteriell und antiviral wirkt, wurde wissenschaftlich nachgewiesen. Thymian ist ein mehrjähriger immergrüner Strauch und kann bis zu 35 cm hoch werden. Er lässt sich gut mit allen und besonders gut mit mehrjährigen Kräutern kombinieren.

Aromatisch und beliebt

Thymian ist ein beliebtes Gewürz in der mediterranen Küche. Und nicht durch Zufall ist er ein Teil der berühmten Gewürzmischung »Kräuter der Provence«. Es gibt ihn in vielen Sorten, besonders Zitronenthymian mit seinem Zitrusduft ist sehr beliebt. Der Bergamottethymian etwa duftet wie Earl-Grey-Tee. Das angenehme, würzige Aroma von Thymian entfaltet sich wunderbar, wenn man ein Zweiglein leicht zwischen den Fingern zerreibt.

Er verfügt über hübsche rosa bis dunkellila Blüten, die wie Köpfchen an den Enden der Triebe wachsen. Thymian ist zur Blütezeit von Schmetterlingen umringt.

Ernten kann man ihn das ganze Jahr und besonders während der Blüte, denn dann ist Thymian am aromatischsten! Auch getrocknet behält er sein Aroma.

Anbau

Die Heimat des Thymians liegt im sonnigen Mitttelmeerraum. So liebt er es auch bei uns hell, sonnig und windgeschützt. In einer Kräuterspirale bevorzugt er gern einen der oberen Plätze.

DER BIOVEGANE TIPP

Am besten vormittags ganze Zweige in etwa 20 cm Länge abschneiden und jeweils etwas Grün stehen lassen. Daraus kleine Sträuße binden und zum Trocknen in einem dunklen und luftigen Raum aufhängen.

In den Garten sollte Thymian erst ab Mitte Mai gepflanzt und dann leicht angegossen werden. Wenn er gut angewachsen ist, benötigt er kaum noch Pflege. Auch kommt er gut mit nährstoffarmer, sandiger Erde zurecht.

Pflege

Thymian kommt mit wenig Wasser aus. Lediglich am Anfang nach dem Einpflanzen aufpassen, dass die Pflanze nicht zu sehr austrocknet, vor allem aber mag sie keine Staunässe. Zu Thymian passt der Spruch: »Oft ist weniger mehr.« Eine Düngung ist nicht nötig, höchstens einmal im Jahr kann man als Pflanzennahrung etwas Kompost untermischen.

Blühender Thymian ist ein echter Insektenmagnet.

Die 10 hübschesten Blumen für den biovicinen Garten

Natürlich sind alle Blumen schön, jede auf ihre Art! Vorstellen möchte ich diese, denn sie blühen bei mir im Garten ganz besonders schön.

Akelei

Ein echtes Gartenwunder ist die zauberhafte Akelei *(Aquilegia vulgaris)*. Jedes Jahr im Mai, wenn es etwas wärmer wird, freue ich mich schon sehr auf diese Blume. Und jedes Jahr bin ich erneut gespannt, an welchen Ecken im Garten sie diesmal auftauchen wird. Es ist so, als hätte eine Fee mit ihrem Stab auf die Stelle getippt, denn auf einmal ist sie da. Die Akelei sät sich selbst aus, einfach dort, wo sie möchte.

Die Akelei gehört zu meinen Lieblingsblumen. Sie taucht immer wieder überraschend im Garten auf.

Die Akelei sorgt für Überraschungen

Akeleien kreuzen sich untereinander und überraschen daher auch durch verschiedene Farben und Formen! Ihr Farbspektrum reicht von Gelb über Weiß und Blau bis Blauviolett, Rosa und Rot. Die ungefüllten wilden Sorten sind die schönsten und auch für Bienen und Hummeln die besten für den Anbau im biovicinen Garten!

Auf ihr sanftes Farbspiel möchte ich in meinem Garten nicht mehr verzichten. Akeleien schenken dem Garten etwas Unbeabsichtigtes und ich glaube, sie erfreuen auf diese Art eine Menge Gärtnerherzen.

Anbau

Die Akelei liebt einen feuchten und humosen Boden. Akeleien sind mehrjährig und gedeihen selbst an schattigen Standorten. Der beste Standort ist im Halbschatten. Sie verträgt keine direkte Sonne.

Pflege

Die Akelei ist alles in allem pflegeleicht. Als Düngung eignet sich Kompost. Diesen behutsam in die Erde einarbeiten. Staunässe sollte man vermeiden.

Alant

Echter Alant *(Inula helenium),* auch Helenenkraut oder Glockenwurz genannt, war schon in der Antike bekannt. Er ist ein Heil- und Wildkraut, dessen Wurzeln ein angenehmes Aroma und gesundheitsfördernde Wirkung haben. Alantwurzeln gelten außerdem als Delikatesse.

Viele Geschichten und Berichte aus uralten Zeiten ranken sich um die mehrjährige Pflanze. Alant durfte als Küchengewürz in keinem römischen Haushalt fehlen. Auch als Räuchermittel wurde Alant bereits im Mittelalter verwendet, die aromatischen Wurzeln getrocknet und auf der Glut des offenen Kamins verbrannt.

Vergessene Schönheit

Gleichzeitig ist Alant einfach eine wunderschöne Blume, die man früher viel in Bauerngärten sah. Er ist jedoch ein wenig in Vergessenheit geraten, scheint nun aber langsam in die Gärten zurückzukehren. Die Pflanze bildet sehr große Blätter, sie können bis zu 50 Zentimeter lang werden. Alant hat kräftige lange Stängel mit bis zu 2 Meter Höhe, auf denen die gelben Blüten in Sonnenform mit ihren zarten Fransen sitzen.

Alant blüht frühestens nach drei Jahren, dann taucht er überall im Garten auf, da er sich selbst aussät. Die Blütezeit erstreckt sich von Juli bis September, bei einem milden Herbst sogar bis in den Oktober hinein.

Alant, ein uraltes Heil-und Wildkraut mit wunderschönen filigranen Blüten.

Ein Magnet für Schmetterlinge und Bienen

Alant ist nicht nur ein Bienen-, sondern auch ein echter Schmetterlingsmagnet. Ein Schwarm des bunten Pfauenauges hat sich im Juli ganze Nachmittage auf den Alantblüten bei uns im Garten getummelt. Er macht den Schmetterlingen, Bienen und uns wirklich viel Freude.

DER BIOVEGANE TIPP

Besonders hohe Pflanzen sollten vorsichtshalber gestützt werden. Vor allem nach einem Regen konnte ich beobachten, dass sie sich sehr unter dem Gewicht neigten und beinahe abknickten.

Anbau

Der Alant liebt es sonnig bis halbschattig und wächst in einem nährstoffreichen Boden. Den Boden vorher mit Kompost anreichern und auch beim Einpflanzen etwas Kompost mit in das Pflanzloch geben.

Die Jungpflanzen von April bis Mai einpflanzen. Bei der Auswahl des Standortes bedenken, dass der Alant ausladende Blätter bildet und recht hoch wächst. Alant wächst auch auf steinigem Boden. Man sollte beachten, dass er sehr viel Platz einnimmt; die Pflanze ist daher eher für große Gärten geeignet.

Pflege

Alant ist pflegeleicht. Hauptsache, der Boden enthält genügend Nährstoffe. Einmal im Monat mit 1:10 verdünnter Brennnesseljauche gießen.

Wenn man dem Alant etwas besonders Gutes tun möchte, kann man ihn auch mit Brennnesselblättern mulchen.

Im September nach der Blüte bis auf 10 cm zurückschneiden. Alant ist winterhart, die Wurzeln überdauern in der Erde und treiben im Frühjahr wieder aus.

Wie von der Natur gemalt: ein farbenprächtiges Tagpfauenauge an einer Alantblüte.

Hummeln erzeugen durch Vibration ihrer Muskulatur die Körperwärme, die sie für das Fliegen benötigen.

Kapuzinerkresse

Kapuzinerkresse *(Tropaeolum majus)* wird auch »Blume der Liebe« oder »Blumenkresse« genannt. Sie ist eine essbare Heil- und Zierpflanze. Ursprünglich aus Peru, gelangte sie im 17. Jahrhundert nach Europa. Es gibt rankende und in runden Büschen wachsende Sorten mit einfarbigen oder mehrfarbigen Blüten.

Bezaubernd und einzigartig

Diese sind einzigartig geformt und leuchten in Orange, Gelb und Rot. Von der Seite gesehen wirken die Blüten wie kleine Zipfelmützen. Überhaupt hat die ganze Pflanze etwas Zauberhaftes an sich, auch die Blätter haben eine besondere Form.
Ab Juni fängt die Kapuzinerkresse an zu blühen und entwickelt bis in den Herbst hinein ständig neue Blüten.

Tausendsassa

Ein ätherisches Senföl verleiht der Kapuzinerkresse den typischen, leicht scharfen Geschmack. Übrigens sind nicht nur die Blätter, sondern auch die Blüten und Samen der Pflanze essbar. Die Samen schmecken ein wenig wie Kapern. Sehr schön machen sich die Blüten als Farbtupfer in Salaten.

Schnecken und Ameisen mögen Kresse wegen ihrer scharfen ätherischen Öle nicht besonders, obwohl ich schon gesehen habe, dass manche Schnecken trotzdem die Blüten anknabbern.

Anbau

Ab Mitte Mai direkt im Freiland säen. Kapuzinerkresse liebt einen sonnigen Standort, gedeiht jedoch auch im Halbschatten. Je sonniger der Standort, umso mehr Blüten kann sie entwickeln. In einen nährstoffreichen Boden pflanzen.

DER BIOVEGANE TIPP
Kapuzinerkresse unter Obstbäume pflanzen, beispielsweise rund um den Stamm als Bedeckung der Baumscheibe, denn sie wehrt Blattläuse ab.

Pflege

Regelmäßig gießen und die Erde feucht halten. Je mehr Blüten man erntet, umso reichlicher bildet die Kapuzinerkresse neue nach.

Die meisten Blüten entwickelt die leuchtende Kapuzinerkresse an einem sonnigen Standort.

Kornblume

Die Kornblume *(Centaurea cyanus)* wird bis zu 80 cm hoch. Ihre Blüten in intensivem Ultramarin-Blau sitzen an verzweigten Stielen.

Die ein- bis zweijährige Pflanze wuchs passend zu ihrem Namen früher viel in der freien Natur in und neben Getreidefeldern. Das starke Düngen der Felder und das Ausbringen von Pflanzengiften setzte der Kornblume jedoch heftig zu. Die Blüten der Kornblume sind übrigens essbar und machen sich sehr gut als Farbtupfer in Blütensalzmischungen oder auf Salaten.

Kornblume gilt als Indikator

Man sieht sie in der freien Natur immer seltener, und wenn, dann fast nur noch bei ökologisch angebauten Äckern. So ist sie wie ein mahnender Zeigefinger, denn sie fühlt sich dort, wo Gift und Monokultur ist, nicht Zuhause. Sie steht heute unter Naturschutz!

Märchenhaftes Blau

In unseren Gärten ist sie hingegen immer häufiger anzutreffen. Ihr leuchtendes Blau zwischen Blütenmischungen sieht einfach märchenhaft aus. Ich freue mich jedes Jahr auf die Kornblume und finde, sie sollte in keinem Garten fehlen. Man kann Kornblumen im Herbst aussäen, sie gehen dann als sogenanntes Keimpflänzchen in den Winter und blühen bereits im Mai.

Anbau

Die Aussaat erfolgt im Frühling oder Herbst direkt ins Beet. Kornblumen lieben einen halbschattigen bis sonnigen Standort. Der Boden sollte locker und nährstoffreich sein.

Pflege

Wenig gießen und Staunässe vermeiden.

Kornblumen blühten früher, wie der Name schon sagt, meistens neben Äckern.

Aus getrockneten Blüten lässt sich Blütensalz herstellen. Kornblumen sorgen für blaue Tupfer darin.

Kosmee

Die Kosmee oder Kosmea *(Cosmos bipinnatus)* ist auch bekannt unter dem klingenden Namen »Schmuckkörbchen«. Sie bezaubert mit schlichten großen Blüten in kräftigem Pink, Rot oder Weiß, die an verzweigten Stängeln sitzen. Kosmeen können bis zu 1,30 m hoch wachsen. Kosmeen sind oft Bestandteil von Blumenmischungen für Bienen. In gemischten Blumenbeeten ragen ihre Blüten dann meist als höchste heraus.

Leuchtendes Pink sogar im Herbst

Die Kosmee blüht spät, dafür sehr lange. Ich hatte letztes Jahr noch im November pinke Farbtupfer im Garten stehen, weil sie tapfer ihre Köpfchen in den grauen Novemberhimmel reckte.

Kosmeen sind pflegeleicht, und wenn sie nach der Aussaat nicht von Schnecken entdeckt werden, kann ihnen nicht viel passieren.

DER BIOVEGANE TIPP

Die Samen zum Herbst hin an den Pflanzen lassen und nicht entfernen. Sie dienen nicht nur der Selbstaussaat, sondern auch als Futter für die Vögel. Diese freuen sich besonders darüber, finden sie doch in dieser Jahreszeit seltener etwas Nahrhaftes im Garten.

Anbau

Der Standort sollte sonnig bis halbschattig sein. Vor der Aussaat etwas Kompost in die Erde einharken. Ausgesät werden Kosmeen direkt ins Beet.

Pflege

Wenig gießen, aber feucht halten. Die Stängel mit einem Stab abstützen, da sie sonst abknicken können. Wenn man sie pflückt, bildet sie stetig neue Blüten.

Kosmeen und Kornblumen, ein hübsches Farbspiel in Pink und Blau! Beide lieben es sonnig bis halbschattig.

Die zauberhaften Kosmeen blühen oft bis weit in den November hinein.

Löwenmäulchen

Das klassische Löwenmäulchen *(Antirrhinum majus)* stammt aus dem Mittelmeerraum. Es wird bis zu 50 cm hoch. In Österreich ist es unter dem niedlichen Namen »Garten-Froschgoscherl« bekannt. Die Pflanze hat wohl diesen witzigen Namen, weil die Blüten wie ein kleines Mäulchen aussehen. Ich kann mich erinnern, dass wir als Kinder die Blüten immer ganz vorsichtig auf und zu geklappt haben.

Das Löwenmäulchen ist eine reine Zierpflanze. Es gibt unzählige verschiedene Sorten, darunter kleinwüchsige Löwenmäulchen, die nur ungefähr 20 cm hoch werden und sich deshalb besonders gut für den Balkonkasten eignen.

Bunt und fröhlich

Als Beeteinfassung oder als fröhliche Farbtupfer zwischen anderen Beetpflanzen wirken die bunten Blüten aller Sorten sehr schön. Das transparente Farbspiel der duftigen Blüten reicht von leuchtend Weiß über Zartgelb, Purpur, Violett und Pink bis hin zu einem Pastellorange. Löwenmäulchen blühen richtig schön lange, nämlich vom Mai bis in den November hinein.

Das Löwenmäulchen ist bei Hummeln sehr beliebt. Sie fliegen übrigens nicht vorne in die Blüte hinein, sondern bohren, um an den Nektar zu kommen, von außen winzig kleine Löcher in die Blütenblätter hinein.

Anbau

Löwenmäulchen lieben einen sonnigen Standort. Sie stellen keine großen Ansprüche an den Boden, nur besonders kalte Lehmböden mag die Pflanze nicht. Nach dem Einpflanzen oberflächlich etwas Kompost einarbeiten.

Pflege

Wenig gießen. Löwenmäulchen mögen sogar eher Trockenheit. Staunässe sollte man auf jeden Fall vermeiden.

Die Pflanze ist bedingt winterhart. Ihre Samen können gut bei steiniger, durchlässiger Erde überwintern. Lange Kälteperioden oder besonders kalte Winter überstehen die ursprünglich aus dem Süden stammenden Pflanzen allerdings nicht.

Löwenmäulchen machen sich wunderbar am Rand von Gemüsebeeten. Es gibt sie in vielen Farben.

Ringelblume

Ein Garten ohne Ringelblume *(Calendula officinalis)* ist für mich wie eine Suppe ohne Salz! Sie ist eine meiner Lieblingsblumen. Durch die Ringelblume wird einem immer wieder vor Augen geführt, wie schön die Natur sein kann. Nicht allein, dass sie den Garten mit ihren leuchtend gelben oder orangen Blüten schmückt. Sie duftet außerdem und die Bienen lieben sie. Und sie hat noch mehr gute Eigenschaften.

Wunderbare Ringelbume

Die Ringelblume hat starke Heilkräfte. Sie enthält das Calendula-Öl, einen Wirkstoff, der die Wundheilung fördert. Besonders gut hilft es bei der Regeneration verletzter Haut. Deshalb wird dieses Öl in Hautsalben und Babycremes eingesetzt. Auch für den Boden ist die Ringelblume gut, denn ihre bis zu 20 cm tiefen Pfahlwurzeln lockern die Erde auf.

Übrigens lässt sich aus Ringelblumen eine Pflanzenjauche herstellen (siehe auch Seite 48). Auch ein Tee mit Ringelblumenblüten ist eine feine Sache, er kann an grauen Wintertagen die Stimmung heben. In Blütensalzen sind Ringelblumen ein schöner Farbtupfer.

Früher galt die Ringelblume übrigens als »Wetterblume«. Eine alte Bauernregel lautete so: »Sind die Blüten der Ringelblume zwischen 6 und 7 Uhr bereits geöffnet, so wird es ein schöner sonniger Tag. Sind sie nach 7 Uhr noch geschlossen, so wird es Regen geben.«

Einfach zu vermehren

Ringelblumen vermehren sich selbst. Ihre Samen lassen sich aber auch einfach sammeln und sind übrigens geringelt, daher kommt auch ihr Name. Man kann sie auch in Kübeln anpflanzen. Ihre Blütezeit reicht von Juni bis Oktober. Je mehr man Ringelblumen pflückt, umso zahlreicher blühen sie wieder nach.

DER BIOVEGANE TIPP
Die Ringelblume kann helfen, Bienen zu retten. Wenn man sie als Bienenweide pflanzen möchte, sollte man jedoch reichlich von den ungefüllten Sorten pflanzen. Gefüllte Sorten sehen zwar attraktiv aus, die Bienen kommen aber so nicht an ihren Nektar heran.

Die Ringelblume, eine ganz natürlich schöne Blume mit zahllosen guten Eigenschaften.

DER BIOVEGANE TIPP

Ringelblumensalbe selbst herzustellen macht sehr viel Spaß. Die Salbe ist garantiert »bio«, vegan und natürlich tierversuchsfrei. Ich verwende dafür ein Bio-Kokosöl. Vorher wird aus den Blüten der Ringelblumen ein Wirkstoff-Öl zubereitet, indem man die Blüten in Pflanzenöl legt und ungefähr drei Wochen ziehen lässt. Anschließend erhitzt man das Öl zusammen mit dem Kokosfett, seiht es durch ein dünnes Tuch ab und füllt es in dunkle Salbentöpfchen um.

Anbau

Ab April im Freiland aussäen. Ringelblumen lieben einen sonnigen bis halbschattigen Standort. Die Samen lose ausstreuen und mit etwas Erde bedecken.

Pflege

Ringelblumen sind pflegeleicht. An heißen Tagen sollten sie jedoch jeden Morgen gegossen werden. Von Vorteil ist es, Wildkräuter in der Nähe zu entfernen.

Auch Schmetterlinge wie der Braune Waldvogel lieben die Ringelblume. Die Samen sind geringelt, daher ihr Name.

Sonnenblume

Wer liebt sie nicht, die wunderbare Sonnenblume (*Helianthus annuus*). Diejenigen, für die »Flower Power« kein Fremdwort ist, werden sich vielleicht noch daran erinnern, dass die Sonnenblume als ein Symbol für Frieden galt.

Bei mir weckt die Sonnenblume Kindheitserinnerungen, wir hatten sie jedes Jahr im Garten und ich fand es faszinierend, die Kerne in der Mitte zu berühren. Die Sonnenblume ist voller Positivität, schöner Schlichtheit.

Sonnenblumen gibt es in vielen Sorten. Klassisch ist die Riesensonnenblume, sie wird bis zu 5 Meter hoch. Es gibt auch Sorten mit rotbraunen Blütenblättern, beispielsweise die 'Herbstschönheit', oder weiße Sonnenblumen wie 'Italian White'. Insgesamt gibt es an die 300 verschiedene Sorten.

So schön anzusehen

Sonnenblumen schmücken den Garten auf eine liebliche Art. Sie kommen besonders schön zur Geltung, wenn man sie an Holzgartenzäunen oder Beeträndern wachsen lässt.

Mit ihren wunderschönen gelben Blüten sind Sonnenblumen weithin zu sehen. Auch Insekten fliegen sie gerne an.

Wertvolle Nahrungsquelle

Aus den Körnern wird Sonnenblumenöl hergestellt. Ab Mitte September lassen diese sich ernten – einfach die Kerne aus dem Blütenboden lösen und luftig trocknen lassen. Sonnenblumensamen sind reich an Mineralien und essentiellen Fettsäuren und eine gute Vogelnahrung.

DER BIOVEGANE TIPP

Sonnenblumen sind, wenn man die Kulturen nebeneinander anpflanzt, eine natürliche, wunderhübsche Rankhilfe für Gurken oder Stangenbohnen.

Anbau

Mit der Aussaat sollte man erst an warmen Tagen starten. Sonnenblumen in kleinen Töpfen im Haus vorziehen.

Die Sonnenblumen bevorzugen einen sonnigen Platz auf feuchtem Boden. Beim Pflanzen ist es sinnvoll, einen Abstand von 30 cm einzuhalten, da sie viel Platz brauchen. Die zarten Sprösslinge sollte man auch im Freiland noch schützen. Sie mögen keinen Frost und sind bei Schnecken sehr beliebt.

Pflege

Viel gießen und mit Beinwelljauche düngen.

Die schlichte und schöne Sonnenblume galt zu Flower-Power-Zeiten als Symbol des Friedens.

Stockrose

Die Stockrose (*Alcea rosea*), auch Stockmalve oder Pappelrose genannt, ist eine zweijährige Staude. Stockrosen bilden Blüten, die aussehen wie aus Krepppapier. Es haftet ihnen etwas wunderschön Altmodisches an. Die Stängel sind dicht an dicht mit den großen Blüten bestückt. Sie wachsen sehr hoch, bis zu 2,3 m, und die obersten Blüten recken ihre Köpfe weit in den Himmel. Stockrosen wirken so herrlich nostalgisch wie das Foto eines Bauerngartens auf einer vergilbten Postkarte. Schön, dass man sie wieder häufiger in den Vorgärten sieht.

Stockrosen sind übrigens verwandt mit Hibiskus und den Malven. Aus ihren Blüten lässt sich ein Tee zubereiten, der hustenlindernd wirkt. Dafür 1 TL der Blüten mit heißem Wasser übergießen und 10 Minuten ziehen lassen, dann abseihen.

Will man Stockrosen neu im Garten ansiedeln, braucht man etwas Geduld, denn die Blüten entwickeln sie erst im zweiten Jahr nach der Aussaat. Ihre Blütezeit ist von Juli bis September und ihr Farbspiel reicht von Rot über Zartrosa, Weiß, Lila, Gelb bis Pink.

DER BIOVEGANE TIPP
Stockrosen sehen übrigens nicht nur schön aus, sie sind auch bei Hummeln, Bienen und Schmetterlingen wegen ihres Nektars sehr beliebt.

Anbau

Im April oder Hochsommer direkt ins Freiland säen. Die Aussaat nur dünn mit Erde bedecken. Sie brauchen einen nährstoffreichen und durchlässigen Boden.

Stockrosen lieben einen sonnigen Standort, der am besten windgeschützt ist. Am wohlsten fühlen sie sich an warmen Hausmauern. Es empfiehlt sich, Stockrosen in Gruppen anzubauen und die hohen Pflanzen abzustützen, da sie im Wind sonst abknicken können.

Pflege

Mulchen und regelmäßig gießen. Stockrosen brauchen Stickstoff, darum sollte man sie im Mai mit 1:10 verdünnter Brennnesseljauche gießen.

Man kann die Blütenstände einfach stehen und trocknen lassen. Stockrosen säen sich selbst wieder aus. Als Frostschutz mit etwas Fichtenreisig abdecken.

Stockrosen haftet etwas Nostalgisches an. Sie säen sich selbst aus, wenn man die Blütenstände stehen lässt.

Wildrosen

Wildrosen (*Rosa*-Arten) sind Sträucher, die im Sommer wunderschöne Blüten tragen. Ihr Farbspiel reicht von einem zarten bis kräftigen Rosa. Schon im Vorbeigehen kann man den rosig-frischen Duft wahrnehmen. Bekannte Arten sind die Apfelrose, auch Kartoffelrose genannt, die Hundsrose und die Essigrose. Die Blüten der Wildrosen sind ungefüllt, deswegen können sich die Insekten daran laben.

Die Verwandlungskünstlerin

Nachdem die Blütenblätter abgefallen sind, lässt sich beobachten, wie sich die Blüten langsam zu Hagebutten verwandeln. Diese Verwandlung und auch das spätere Aussehen der Hagebutten finde ich faszinierend. Im Herbst kann man sie ernten und zu Marmelade verarbeiten oder einen Tee daraus zubereiten. Der Geschmack der Früchte ist süßsäuerlich. Hagebuttentee kennen die meisten bestimmt schon aus der Kindheit. Es ist ein bekömmlicher Tee, der gut bei Erkältungskrankheiten hilft.

Die Blütenblätter der Wildrosen kann man trocknen und einem Duftpotpourri beigeben. Ich habe sie beispielsweise zusammen mit Lavendel in eine Schale gelegt, so wird der Raum etwas beduftet. Es lässt sich ebenso ein leckeres Rosengelee oder ein Rosensirup aus ihnen zubereiten.

Anbau

Wildrosen lieben einen sonnigen Standort. Sie gedeihen auch im Halbschatten, an einem sonnigen Platz bildet der Strauch jedoch mehr Blüten. Auch als Kübelpflanze eignen sie sich wunderbar und schmücken so den Balkon oder die Terrasse.

DER BIOVEGANE TIPP
Hagebutten haben einen enorm hohen Vitamin-C-Gehalt, nämlich 500 mg pro 100 g. Damit sind sie die Spitzenreiter unter den heimischen Früchten.

Pflege

Wildrosen sind äußerst pflegeleicht. Auch an den Boden stellen sie keine großen Ansprüche. Im Frühjahr und Herbst kann man sie mit etwas Kompost düngen.

Wenn man den Wildrosenstrauch schneiden möchte, sollte man vorsichtig nur ganz altes und totes Holz entfernen. Die Blüten sitzen nämlich nur an den mehrjährigen, also sozusagen den mittelalten Ruten. Wenn der Wildrosenstrauch allerdings zu dicht und buschig wird, besteht die Gefahr eines Pilzbefalls. Darum sollte man ihn alle 4–5 Jahre einmal kräftig auslichten. Altes Holz dafür bis zum Stock ausschneiden!

Die Blüten der Wildrosen sind ungefüllt, darum sind sie eine gute Nahrungsquelle für Insekten.

Die 4 besten Beeren für den bioveganen Garten

Frische Früchtchen voller Vitamine und Geschmack aus dem eigenen Garten – biovegan, gesund und lecker!

Brombeere

Die Brombeere *(Rubus fruticosus)* ist ein dorniger Strauch, der, je nach Sorte, in rankender oder aufrechter Form wachsen kann.

Erst ab dem zweiten Jahr trägt der Strauch Früchte. Ende Juli fangen diese an, schwarz zu werden. Reif sind sie, wenn der innere Fruchtzapfen nicht mehr weiß ist. Die Früchte reifen nach dem Pflücken übrigens immer

Die Brombeersaison geht von Juli bis Oktober. Die leckeren Beeren haben einen hohen Vitamin-C-Gehalt.

wieder nach. Ernten kann man sie also laufend, bis in den Oktober hinein. Marmelade aus Brombeeren ist ein Gedicht!

Anbau

Im Frühjahr ist Pflanzzeit für die Brombeere. Ihr Standort sollte sonnig und windgeschützt sein. Optimaler Pflanzabstand für aufrecht stehende Sorten sind 80 cm, für rankende Sorten empfiehlt sich ein Abstand von 3 Metern.

Die Brombeere bevorzugt einen lockeren, humusreichen Boden. Diesen mit Kompost anreichern und durch Mulchen feucht halten. An einen Zaun oder an ein stabiles Gerüst pflanzen. Das können beispielsweise Seile oder Drähte sein, die man fest zwischen Pfähle spannt.

Pflege

Regelmäßig gießen. Vorsichtig etwas Kompost zufügen, den man am besten wie eine Mulchschicht um die Pflanze herum ausbringt. Brombeeren haben flache Wurzeln, die durch das Einarbeiten sonst verletzt werden könnten. Ab und zu mit verdünnter Beinwelljauche gießen. Ruten, die getragen haben, am besten nach dem Ernten dicht am Boden kappen.

Erdbeere

Erdbeeren (*Fragaria × ananassa*) sind zwar mehrjährig, ihre Triebe verholzen aber nicht wie bei anderem Beerenobst. Genau genommen bilden sie auch keine Beeren, sondern sogenannte Sammelnussfrüchte, denn die Samen, die auf der Schale sitzen, sind botanisch gesehen kleine Nüsschen.

Erdbeeren sind in vielen Gärten anzutreffen. Ein großer Vorteil von selbst angebauten Erdbeeren ist ihre Frische, denn die sensiblen Früchte können beim Transport matschig werden. Außerdem schmecken sie direkt aus dem eigenen Garten einfach köstlicher.

Unterschiedliche Sorten

Die zahlreichen Erdbeersorten unterscheiden sich nicht nur in Aussehen und Konsistenz, sondern auch in Anbauweise und Erntezeiten. Es gibt immertragende und Monatserdbeeren sowie mehrmals im Jahr tragende. Sehr beliebt ist 'Mieze Schindler', eine über 80 Jahre alte Sorte, die himmlisch nach süßen Walderdbeeren schmeckt. Alle Sorten benötigen etwas Aufmerksamkeit und Pflege!

Aromatisches Früchtchen

Dafür wird man auch mit aromatischen Früchten belohnt, die zudem voller gesunder Inhaltsstoffe sind. Kleine Früchte schmecken dabei meist intensiver als große.

Anbau

Bereits zwei Wochen vor dem Einpflanzen Kompost in das vorgesehene Beet einarbeiten. Die Erdbeeren im Abstand von 30 cm pflanzen und gut angießen.

DER BIOVEGANE TIPP

Hängende Erdbeersorten, beispielsweise die Monatserdbeere 'Elan', sind bestens für den Balkon oder die Terrasse geeignet. Sie sehen dekorativ aus und bringen einen guten Ertrag.

Pflege

Regelmäßig gießen. Besonders während des Wachstums den Boden feucht halten. Mit 1:10 verdünnter Brennnesseljauche düngen.

Erdbeeren heißen übrigens so, weil sie nah am Boden wachsen. Daher brauchen sie speziellen Schutz. Sobald sich die Früchte zeigen, sollte man mit einer Strohschicht mulchen, dann faulen die Früchte nicht. Die Strohschicht kann außerdem vor Schnecken schützen.

Die Erdbeersorte lässt ihre Früchte sehr malerisch vom Topf herabhängen.

Japanische Weinbeere

Die Japanische Weinbeere *(Rubus phoenicolasius)*, auch borstige Himbeere genannt, ist verwandt mit Himbeeren und Brombeeren. In unseren Gärten ist sie noch nicht besonders häufig anzutreffen, dabei hat sie verschiedene Vorteile.

Beerenstark und pflegeleicht

Sie ist einfach anzubauen, denn sie stellt keine hohen Ansprüche an den Boden und ist robust. Ihre Früchte sehen Himbeeren sehr ähnlich, werden nur halb so groß und sind knackiger. Sie schmecken frisch, ein wenig nach Kirschen und lassen sich wunderbar im Vorbeigehen vom Strauch pflücken.

DER BIOVEGANE TIPP

Aus den Früchten der Japanischen Weinbeere lässt sich eine leckere Marmelade herstellen. Die Beeren machen sich auf veganen Cupcakes besonders gut. Sie sind nämlich formbeständiger als Himbeeren, aber ebenso dekorativ und schmackhaft.

Die vitaminreichen Beeren werden von den sonst bei Himbeeren so typischen Maden und von Insekten nicht angerührt. Das liegt an deren Borstigkeit und an dem klebrigen Sekret, das Blüten, Triebe und später auch die Früchte umgibt. Dennoch lassen sich die Früchte leicht pflücken. Die Japanische Weinbeere wird sogar von Schnecken in Ruhe gelassen.

Langlebige Pflanze

Japanische Weinbeeren haben rotbraune Triebe und bilden hübsche weiße Blüten. Die Blätter sind rau, leicht stachelig und auf der Unterseite weiß.

Die Japanische Weinbeere ist das ganze Jahr über ein Hingucker im Garten, sieht sie doch während und nach der Blüte, und wenn sie Früchte trägt, exotisch und wunderschön aus. Ihre neuen Triebe tragen übrigens erst im darauffolgenden Jahr.

Die Japanische Weinbeere ist winterhart und langlebig. Ich habe von einem Gärtner gelesen, dass er seit 25 Jahren eine Japanische Weinbeere im Garten stehen hat, die bisher jedes Jahr ohne einen einzigen Ausfall Früchte trug!

Die Früchte lassen sich von Juli bis September ernten. Normal trägt eine Pflanze 2,5 kg Beeren, in Ausnahmefällen auch bis zu 5 kg.

Auch die Blätter der Japanischen Weinbeere sind ein Hingucker im Garten. An der Unterseite sind sie weiß.

Anbau

Anpflanzen lässt sich die Weinbeere das ganze Jahr hindurch. Der Standort sollte dabei sonnig bis halbschattig sein. Einen Platz von ungefähr 2 Metern rund um die Pflanze frei lassen.

Am besten wächst die Japanische Weinbeere später an einem Spalier, sie kann nämlich bis zu 3 Meter hoch werden und verzweigt sich auch in die Breite.

Ein Tipp aus einem Gartenforum: Wenn man die Japanische Weinbeere mit Maiglöckchen unterpflanzt, soll das für noch mehr Beeren sorgen!

DER BIOVEGANE TIPP
Die Japanische Weinbeere bildet schnell neue Triebe und Ableger, die man einfach abtrennen und beispielsweise an gärtnernde Freunde verschenken kann.

Pflege

Mulchen und regelmäßig gießen. Abgetragene Zweige zurückschneiden. Einmal im Jahr sollte man sie mit etwas Kompost düngen.

Die leckeren, vitaminreichen Beeren der Japanischen Weinbeere sind wegen ihrer Borstigkeit auf natürliche Weise vor Insektenbefall geschützt.

Rote Johannisbeere

Die Rote Johannisbeere *(Ribes rubrum),* auch »Ribisel« genannt, ist eine der beliebtesten Beerenobstarten bei uns. Kein Wunder, sie ist anspruchslos und beschenkt uns mit fruchtigen, erfrischenden Beeren. Ein Strauch kann bis zu 12 kg Johannisbeeren tragen! Die leicht transparenten, roten Früchte glänzen wie kleine Glaskugeln.

Sie heißen Johannisbeeren, weil sie meist ab dem Johannistag, also den 24. Juni, erntereif sind. Das kann ich auch für meinen Garten bestätigen, bei meinen Johannisbeeren stimmt das fast immer.

Sauer macht fit

Rote Johannisbeeren enthalten 36 mg Vitamin C pro 100 g Früchte – und frisch gepflückt ist der Gehalt am höchsten. Manch einem ist der Geschmack der rohen Beeren trotz der Gesundheitsvorteile zu sauer. Dann ist die Verarbeitung zu süßem Gelee oder Marmelade empfehlenswert. Auch vegane Kuchen, Torten und Muffins mit Roten Johannisbeeren sind eine leckere Kombination. Wer es gerne besonders süß mag, kann sie mit aufgeschlagener veganer Kokossahne genießen.

Johannisbeerpflanzen in Bioqualität gibt es in Biogärtnereien oder beim Biopflanzenversand. Adressen dazu finden Sie im Anhang auf Seite 140.

Johannisbeersträucher lieben humusreichen Boden und einen sonnigen Standort.

Anbau

Die Rote Johannisbeere bevorzugt einen sonnigen bis halbschattigen, windgeschützten Standort. Sie wächst am besten in einem nährstoffreichen, feuchten Boden. Wegen ihres hohen Stickstoffbedarfs einige Brennesselblätter und Kompost mit in das Pflanzloch geben.

Pflege

Immer wieder mulchen, so bleibt der Boden schön feucht, was die Rote Johannisbeere sehr mag! Als Mulchmaterial bietet sich Grasschnitt an. Dabei darauf achten, den Stamm der Pflanze auszusparen.

Das Mulchen bietet sich auch deshalb an, weil Johannisbeeren flache Wurzeln haben. Damit man diese nicht verletzt, sollte man den Boden um sie herum nur ganz vorsichtig oder kaum bearbeiten.

Nach der Ernte sollte man den Busch einmal richtig auslichten, indem man alte Triebe direkt am Ansatz abschneidet. Nur Mut, es ist sogar noch besser für den Johannisbeerstrauch, wenn er einmal ordentlich bis über den Boden zurückgeschnitten wird. Ich habe mich anfangs auch gescheut, dabei tut es der Pflanze gut, denn die neuen Triebe und der ganze Strauch haben so wieder mehr Platz und Licht. Dadurch sprießen neue Triebe, die im nächsten Jahr mehr Beeren tragen.

Weiße und Schwarze Johannisbeeren

Die **Weißen Johannisbeeren** sieht man nicht so häufig in unseren Gärten. Das liegt wahrscheinlich daran, dass ihre blassen Früchte im Vergleich zur Roten Johannisbeere wie unreif wirken. Dabei sind sie sogar etwas süßer im Geschmack! Sie sind nahe verwandt und auch in Anbau und Pflege gleich zu behandeln. Die **Schwarze Johannisbeere** ist frostempfindlicher, darum sollte sie

DER BIOVEGANE TIPP

Rote Grütze mit Johannisbeeren schmeckt hinreißend mit gekühlter Hafersahne und etwas Bourbon-Vanille.

immer an einen vollsonnigen, geschützten Platz gepflanzt werden. Ihre Früchte haben den höchsten Vitamin-C-Gehalt beim Beerenobst, 177 mg pro 100 g, und eignen sich gut für die Zubereitung von Marmeladen. Sehr hohe Erträge hat die Sorte 'Daniels September'.

Johannisbeeren sind sauer und machen fit, und sie sind randvoll mit Vitaminen und Mineralien.

Natur fördern im bioveganen Garten

Ein bioveganer Garten ist auch ein tierfreundlicher Garten. Die folgenden Seiten handeln davon, wie man am besten und friedlichsten zusammen »wohnt« und Lebensräume für die Tierwelt schafft, sodass sich alle im Garten wohlfühlen können

Lebensräume schaffen und erhalten

Wie pflanze ich eine Wildblumenwiese, wie baue ich Tierwohnungen und Unterschlüpfe? Welche Pflanzen sind eine gute Nahrungsquelle für Insekten und welche bieten Schutz für Vögel? Mit etwas Wissen ist es gar nicht schwer.

Vom Glück des eigenen Gartens

Ich empfinde es als großes Glück, einen Garten zu haben. Manchmal gehe ich einfach nur so in meinem Garten spazieren, schlicht um ihn zu erleben. Dann freue ich mich, wenn ich die Vögel zwitschern höre oder mir der Kräuterduft in die Nase steigt. Zu jeder Jahreszeit oder Tageszeit gibt es etwas anderes im Garten zu entdecken und etwas ist auf seine Art wieder neu und schön. Mal freut man sich über die erste Ringelblume, ein anderes Mal, wenn die Zucchini Blüten angesetzt hat oder wenn es neblig ist und ein ganz bestimmtes Licht am Abend die Blüten der Kapuzinerkresse glutrot färbt. Die kostbarsten Momente im Garten erlebt man jedoch oft bei der Begegnung mit Tieren.

Durchreisende und Mitbewohner – Tierleben im Garten

Ich lasse einmal Revue passieren, welche Tiere ich allein in diesem Jahr in meinem Garten gesehen oder angetroffen habe: eine kleine Fledermaus, einen Buntspecht, ein rotbraunes Eichhörnchen, das im Kastanienbaum vor meinem Fenster herumturnte, zwei kleinere, fast schwarze Eichhörnchen, die in den beiden Walnussbäumen hinter dem Haus zu sehen waren. Im Frühling hatten wir auf einmal viele kleine Fröschchen oder Erdkröten, die nur 2,5 cm groß waren und vom Gras direkt in die Hände und dann schnell wieder hinunter hüpften. An lauen Sommerabenden konnte man wie im Süden die Grillen zirpen hören. Einmal ist mir ein hellgrüner Grashüpfer direkt auf die Tastatur gesprungen, als ich draußen auf der Terrasse saß und gerade an diesem Buch geschrieben habe.

Eines Morgens saß ein stattlicher Hase im Garten. Ein schönes Tier mit braunweißem Fell, langen Löffeln und einem klugen Hasengesicht. Er sah aus wie gemalt und saß ganz ruhig da, bis er mich bemerkte und wegsprang. Den Sommer über waren hier unzählige verschiedene Schmetterlinge zu Gast, darunter der braune Waldvogel, der Zitronenfalter und das bunte Tagpfauenauge. Viele Vogelarten waren in den Bäumen und an der Vogeltränke zu sehen. Ganz bezaubert haben mich zwei Glühwürmchen, die so hell um die Wette leuchteten und blinkten,

Die Fellbüschel an den Ohren wachsen den Eichhörnchen nur in der kalten Jahreszeit.

als wären kleine Lampen zwischen den Steinen. Und eines Tages saß sogar ein Dachs auf der Wiese, der ohne Scheu einfach sitzen blieb, als wir ihn entdeckten. Auch ein Maulwurf lebt hier, was ich bis jetzt nur wegen seiner Hügel weiß (von deren lockerer Erde ich gern etwas für meine Topfpflanzen verwende); ihn selbst habe ich jedoch noch nicht zu Gesicht bekommen.

Einige dieser Tiere sind Durchreisende, andere leben für ein Jahr oder dauerhaft im Garten und ziehen dort sogar ihre Tierkinder groß, wie zum Beispiel die Igel oder die Vögel in den Nistkästen.

Fazit: Tiere spielen im bioveganen Garten eine große Rolle. Wohlgemerkt: Es sind lebende und freie Tiere. Sie werden nicht gehalten, sondern sie kommen und gehen, wann und wie sie wollen.

Zauberwort Entschleunigung

Obwohl ich auch Gemüse anbaue, ist der Garten für mich eben viel mehr als eine Art »Gemüsefabrik«, die man mit vielerlei Tricks in Schwung hält. Die Welt ist teilweise so schnelllebig und oft stressig geworden. Ehrgeiz und Wettbewerbsdenken, Hektik und Erfolgsdruck – das sind Dinge, die sehr belastend sein können. Im Garten kann man sich wieder »erden« und zur eigenen inneren Mitte zurückfinden.

Gelassenheit und Verantwortung

Im besten Fall lernt man bald, die Dinge mit Gelassenheit hinzunehmen, auch wenn etwas einmal nicht so wächst wie geplant oder Vögel den halben Kirschbaum abgeräumt haben.

Man ist nicht die Krone der Schöpfung und auch nicht der Chef, sondern einfach ein Teil des Ganzen, in diesem Fall des Gartens. Die Tiere und wir sind ein bunt

Eine Vogeltränke im Garten nutzen Vögel sowohl zum Trinken als auch zum Baden.

Dieser Falter hat den Namen Landkärtchen, seine Flügelunterseite ist mit feinen Linien durchzogen.

DER BIOVEGANE TIPP
Eine Blumenwiese anpflanzen
Verschiedene Heilkräuter und Wildblumen kann man auf der Wiese aussäen, sie säen sich ab dann selbst wieder aus. Weitere siedeln sich dann durch den Wind und die Vögel an. Es gibt vielerlei Wildblumenmischungen im Handel. Im Herbst lassen sich Blumenzwiebeln pflanzen, zum Beispiel für die hübschen Schneeglöckchen und Narzissen. Sie gehören nach dem Winter nicht nur für uns, sondern auch für die Bienen zu den ersten Blumen im Garten.

Mit einem Garten übernimmt man auch ein Stück Verantwortung. Es ist im Grunde so einfach, Lebenswelten für Tiere zu schaffen. Selbst auf einem Balkon ist es möglich. Und, wie gesagt, man hat auch immer selbst etwas davon. Wenn man auf dem Balkon sitzt, der Thymian blüht und Schmetterlinge um seine Blüten herumschwirren, dann ist das ein wunderschöner Anblick, der einen friedlich stimmt.

Lebensräume schaffen: eine Blumenwiese

Ein Anfang ist schon mit einer Blumenwiese gemacht. Sie ist nicht nur hübsch anzusehen, sondern gleichzeitig Rückzugsort und Nahrungsquelle für viele verschiedene Tiere. Wie unglaublich wertvoll schon ein kleines Stück naturbelassene Wiese im Garten ist, war mir bis vor kurzem selbst nicht bewusst. Die Wiese ist Lebensraum von unzähligen Insekten und anderen Tieren. Sie wird durch die hohen Pflanzen und das seltene Mähen zu

zusammengewürfelter Haufen, wie eine Art Freiluft-Lebensgemeinschaft, wo jeder seinen Platz hat und sein Recht, einfach da zu sein. Es ist auch nicht die pure Selbstlosigkeit, wenn man Lebensräume schafft, denn schon für ein wenig Einsatz erhält man auch etwas wirklich Wertvolles zurück.

Eine Wildblumenwiese ist nicht nur hübsch, sie ist auch ein vielfältiger Lebensraum.

Blindschleichen mögen hohes Gras. Im Winter fallen sie in eine Kältestarre.

einem Ort, an dem sich bestimmte Insekten, beispielsweise Grashüpfer und Grillen, überhaupt erst entwickeln können. Die Larven mancher Arten verpuppen sich in und an Grashalmen und brauchen für ihre Entwicklung etwas Zeit.

Auch **Blindschleichen** mögen das hohe Gras. Dieses Jahr konnte ich zwei dieser harmlosen silbernen Echsen im Garten sehen und war ganz berührt von dieser stillen Begegnung. Sie glitzerten silbern und strichen lautlos durch das Gras. Mein Interesse war geweckt und ich begann gleich mit der Recherche. Zwar wusste ich noch aus Schulzeiten, dass sie nicht wirklich »blind« sind. Sie heißen nach allgemeiner Auffassung »Blindschleiche«, weil sie wegen ihrer silbrigen Schuppen so stark blinken und blenden. Ganz neu war mir, dass sie bis zu 50 Jahre alt werden können! Den Winter über fallen sie in eine Kältestarre. Sie überwintern so in Gruppen von 30 bis 50 Tieren in frostsicheren Verstecken. Zu ihrer Nahrung gehören Schnecken – vielleicht habe ich deshalb nicht besonders viele im Garten.

DER BIOVEGANE TIPP

Die Anlage eines Teiches ist natürlich besonders wertvoll, da er einen Lebensraum für eine ganze Vielzahl von Tieren bietet, die sonst keinen Platz im Garten finden. Molche, Frösche, Libellen und viele andere finden sich dort bald von selbst ein. Teichmolche überwintern übrigens nicht im Wasser. Molche sind Lungenatmer, sie suchen sich unter Laub oder unter Steinen geschützte Stellen und fallen dort in eine Winterstarre.

Rasen, Wiese und Wildkräuterecke

Wenn man nicht nur eine Wiese, sondern gerne auch eine Rasenfläche im Garten haben möchte, kann man einfach einen Teil des Gartens nicht mähen und drauflosblühen lassen. So ein Stück Wiese lässt sich optisch gut in den Garten integrieren. Reizvoll ist ein solches

Frauenmantel und Storchschnabel sind in unserem Garten groß und buschig geworden.

Storchschnabel ist sehr pflegeleicht, und obwohl er im Schatten wächst, zeigt er viele Blüten.

DER BIOVEGANE TIPP

Die meisten **Kinder lieben** Gärten, in denen sie **Tiere** antreffen können. Meine Nichte, mein Neffe und ich haben ganze Abende im letzten Sommer damit verbracht, gemeinsam auf Igel zu warten. Zusammen mit Kindern kann man auch wunderbar Tierbehausungen bauen. Mit einer guten Anleitung aus einem Buch*) lassen sich auch ausgefallenere Varianten wie ein Unterschlupf für Fledermäuse oder ein Schlafhaus für Schmetterlinge bauen.

*) B. Oftring: Insekten- & Tier-Hotels. 50 Projekte mit Bauanleitungen. BLV Buchverlag, München 2014.

blühendes Areal unter Obstbäumen oder wenn man es kreisförmig wachsen lässt.

Einen Teich zu bauen ist nicht ganz einfach und bedarf etwas Vorplanung sowie einiger Grundkenntnisse. Am besten man informiert sich zuvor in Büchern und lässt sich in einer guten Gärtnerei beraten. Ein lohnendes Erlebnis ist ein eigener Teich in jedem Fall, auch und gerade wenn man Kinder hat.

Lebensräume schaffen: Trockenmauer, Steinhaufen, Wildhecke & Co.

Trockenmauern und Wege aus Kies bieten Unterschlupf für eine Vielzahl von Kleintieren und Insekten. Selbst einfache Steinhaufen können zu einem Unterschlupf für Eidechsen, Blindschleichen, Igel, Kröten und Laufkäfer werden. Zusammengetragene Laub- und Reisighaufen sind bei Tieren ebenfalls begehrt, auch sie dienen unter anderem als Unterschlupf für Igel, Laufkäfer und Spitzmäuse.

Ein Garten für Tiere lebt vor allem von der Vielfalt: eine Blumenwiese, eine alte Mauerruine, eine Wildstrauchhecke, ein Reisighaufen oder mehrere Wildkrautecken können für Tiere zum (Über-)Lebensraum werden. Solch

Reisighaufen sind ein begehrter Unterschlupf für Igel, Mäuse und Laufkäfer.

Igel verkriechen sich tagsüber. Erst in der Dämmerung und in der Nacht werden sie aktiv.

DER BIOVEGANE TIPP

Bei uns im Garten haben sich manche Tiere auch ihre eigenen Lebensräume erobert. Einmal lagen von einem abgestorbenen Strauch viele Äste und Zweige herum, die wir zu einem Wall aufschichteten. Wir hatten vor, sie zu kompostieren, und wollten sie dazu einen Tag später zerkleinern. Doch bevor wir dazu kamen, hörte ich ein Rascheln darin. Eine vierköpfige Igelfamilie fand dort ein Zuhause. Seitdem hatte dieser Totholzwall noch einige andere Bewohner und er dient auch heute noch manchen Tieren als Rückzugsort.

ein kleines Paradies entsteht auch dann, wenn nicht zu viel aufgeräumt wird! Ein Garten mit vielen etwas wilderen Ecken, mit Trockenmauern, verschiedenen Bäumen und Sträuchern, auch ein paar Brennnesseln und Kräutern ist ideal. Und abgesehen von dem Nutzen für Tier und Mensch ist so ein Plätzchen auch einfach wunderschön.

Größere naturnahe Stauden als Lebensraum

An einer Anhöhe im Garten habe ich Frauenmantel, Storchschnabel und Gilbweiderich gepflanzt. Diese Pflanzen sind wuchsfreudig und sie blühen üppig. **Frauenmantel** (*Alchemilla mollis*) ist eine Staude mit rundlichen hellgrünen Blättern, die an den Ränder frühmorgens kleine Wassertropfen bilden, die wie Tautropfen aussehen und im Morgenlicht glitzern. Die Blüten sind winzig, gelb und stehen in rundlichen Dolden.

Storchschnabel (*Geranium*) gibt es in unzähligen Arten und Sorten. Die Blüten sind meist rosa, doch reicht das Farbspektrum von Schneeweiß bis Dunkelbraun. Er ist anspruchslos und widerstandsfähig. Die Blüten des Storchschnabels bieten Futter für viele Insekten.

Die Männchen der Zauneidechse sind zur Paarungszeit an den Seiten von Rumpf und Kopf grün gefärbt.

Steine und Trockenmauern bieten Eidechsen und Molchen Unterschlupf und Winterquartier.

Natur fördern im biveganen Garten

DER BIOVEGANE TIPP
Auch ein Balkon oder ein kleiner Garten kann zum Lebensraum werden, wenn man Pflanzen mit ungefüllten Blüten verwendet, damit die Insekten an Pollen und Nektar herankommen. Ebenso ist es von Vorteil, nicht alle Kräuter komplett abzuernten, sondern einfach einige weiterblühen zu lassen. Sie dienen Schmetterlingen als wertvolle Nahrungsquelle!

Aus Gilbweiderich, Storchschnabel und Frauenmantel sind bei uns große, buschige Pflanzen geworden, da sie auch im Schatten sehr gut wachsen. Sie bieten Schutz für viele Kleintiere, unter anderem Reptilien. Einmal sah ich auch ein Eichhörnchen zwischen den Blättern herauskommen, vielleicht hatte es sich dort für eine Weile zurückgezogen. Zur Blütezeit schwirren immer unzählige Schmetterlinge, Bienen, Hummeln und andere Insekten um die bewachsene Anhöhe herum. Als Lebensraum und Nahrungsquelle eignen sich die einheimischen wilden Pflanzen, die nicht exotisch und überzüchtet sind.

Der **Gilbweiderich** *(Lysimachia vulgaris)* mit seinen leuchtend gelben Blüten wächst ebenso üppig. Er hat zudem eine Besonderheit: Die Pflanze bildet ein Öl, das bestimmten Wildbienen als Nahrung dient. Sie verwenden es in einer Mischung mit Pollen, dem sogenannten »Larvenbrot«, für ihre Brutzellen zur Aufzucht der Jungbienen.

Lebensräume für Schmetterlinge

Viele Pflanzen dienen Schmetterlingen als Nahrung. Trotzdem finden die heimischen Tagfalter nicht mehr genug davon vor. Wegen der vielen Monokulturen und der Flurbereinigung gibt es kaum noch Lebensräume für sie. Und wohl zu viele Gärten, die kurzgeschorenen Rasen und schön gepflasterte Terrassen mit hochwertigen Gartenmöbeln, aber keine ungefüllten Blumen oder blühende Kräuter für die Schmetterlinge bieten.

Mehr als 80 % unserer Schmetterlinge sind mittlerweile laut dem Bund Naturschutz auf der Roten Liste der bedrohten Arten! Wenn man ihnen helfen möchte, ist das sehr schnell getan. Einfach einige der folgenden Pflanzen anbauen, denn sie gehören zur Lieblingsnahrung von Schmetterlingen: Alant, Aster, Brennnessel, Brombeere, Haselnuss, Heidelbeere, Himbeere, Hornklee, Kresse, Klee, Lichtnelke, Liguster, Luzerne, Primel, Sommerflieder, Storchschnabel, Veilchen, Waldrebe. Sehr gut geeignet sind auch Kräuter wie Minze, Majoran, Oregano, Salbei und Thymian.

Schmetterlinge leben nicht nur vom Nektar der Blüten. Ihre Raupen sind auf bestimmte Fraßpflanzen angewiesen, die man für sie im Garten haben sollte. Dazu zählen die bereits genannte Brennnessel sowie Brombeere, Distel, Fetthenne, Himbeere und viele Gräser.

Gilbweiderich hat leuchtend gelbe Blüten. Die Pflanze bildet ein Öl, das Wildbienen als Nahrung dient.

Lebensräume schaffen: ein toter Baumstamm

Abgestorbene Obstbäume sind übrigens ein wertvoller Lebensraum für manche Insekten. Man lässt den Baum stehen und schneidet wegen der Umsturzgefahr alle Äste ab. Nun bauen bestimmte Käfer dort sozusagen ihr eigenes Insektenhotel. Sie brüten nämlich im Holz und versehen dazu den Stamm mit kleinen Löchern, in die die Eier gelegt werden. Dies lockt wiederum auch andere Tiere bis hin zu Spechten an, die nach den Käfern suchen. Und der von den Käfern mit Löchern versehene Totholzstamm wird nun von Insekten, bestimmten Ameisenarten und Wildbienen als Wohnraum genutzt, die ihre Gänge im Holz anlegen. Um den Anblick optisch zu verschönern, haben wir zusätzlich eine rankende Pflanze neben den Obstbaumstamm gesetzt, die ihn mittlerweile ganz begrünt. Fazit: So haben die Insekten eine natürliche Behausung und wir einen echten Hingucker im Garten.

Schmetterlinge wie der Braune Waldvogel laben sich am Nektar des blühenden Oregano.

Aus Totholzstämmen bauen brütende Käfer in Eigenregie eine Art Insektenhotel. Aber auch für andere Tiere ist dies ein willkommener Lebensraum.

Insektenhotel: 1 Das Insektenhotel in Hausform, noch ohne Mobiliar. 2 Hohlziegel, Bambusstäbe, hohle Stängel – all das eignet sich zur Befüllung. 3 Nun wird gefüllt, dünnere Stängel mit Jute gebündelt. 4 Dachpappe macht das Insektenhotel noch wetterfester. 5 Aufgestellt wird es an einem sonnigen, windgeschützten Ort.

Lebensräume für Insekten – ein Insektenhotel

Ein Insektenhotel bietet den verschiedensten Insekten Unterschlupf und Raum zum Brüten. Insektenhotels sind mittlerweile in großer Auswahl im Handel erhältlich. Man kann es aber auch selbst bauen, ein besonders schönes Erlebnis. Wir haben uns dazu eine Anleitung aus dem Internet gesucht.

Wichtig ist, dass alle verwendeten Materialien reine und unbehandelte Naturmaterialien sind. Sie dürfen auf gar keinen Fall Farbe, Lack oder Holzschutzmittel enthalten und müssen zudem trocken sein, um Pilzbefall zu vermeiden. Man baut je nach gewählter Anleitung einen einfachen Rahmen oder Kasten. Wenn man möchte, kann man das Insektenhotel auch in einer einfachen Hausform bauen.

Die Füllung für die Innenräume, also quasi das »Mobiliar«, besteht aus: Tannenzapfen, Schilfhalmen, Baumrinde (nicht von harzenden Bäumen), Baumscheiben, in die man kleine Löcher bohrt, Hohlziegeln, Lehmputz, leeren Schneckenhäusern, hohlen Stängeln von Stauden, Bambusstäben, die man lose mit einem Jutefaden zusammenbindet, und ähnlichem Material. Diese Materialien schichtet man in die leeren »Zimmer«.

Man kann das Insektenhaus noch wetterfest machen, indem man Dachpappe an die oberen Holzbretter nagelt. Dann kann man das Insektenhotel aufstellen.

Der beste Ort dafür ist an einem sonnigen und windgeschützten Platz. Die offene Seite des Insektenhotels sollte ungefähr nach Süden oder Südosten zeigen. Ein Platz unter einem Baum, an der Wand eines Schuppens bzw. Gartenhauses o. Ä. ist optimal.

Auch ein Schlafhäuschen für Ohrwürmer ist schnell gebastelt. Das geht so: Einen kräftigeren Jutefaden oder ein Seil durch einen Blumentopf ziehen. In das Seil einen Knoten machen, der dicker als das Bodenloch ist, damit dieses als Aufhängung dienen kann. Nun den Topf mit Stroh oder Holzwolle füllen, sodass die Ohrwürmer hineinkriechen können und noch kleine Hohlräume vorfinden. Ein Netz als Boden am Rand des Topfes mit einem Bindfaden festbinden. Ohne das Netz würde das Füllmaterial herausfallen. Das fertige »Haus« mit dem Jutefaden oder Seil an einem Baum oder Pfahl befestigen. Der Topf muss dabei den Pfahl oder Ast berühren, damit die Ohrwürmer daran herauskriechen können. Ohrwürmer schützen z. B. Obstbäume vor Obstbaumgespinstmotten und vor einem Befall mit Blattläusen, da diese Insekten Ohrwürmern als Nahrung dienen.

DER BIOVEGANE TIPP

Statt ein ganzes Insektenhotel zu bauen, kann man auch einfache Holzblöcke mit Bohrlöchern, gelochte Ziegel oder gebündelte Schilfrohre einzeln im Garten aufhängen oder aufstellen.

Das zutrauliche Rotkehlchen singt von früh bis spät. Gebüschreiche Gärten bieten ihm einen Lebensraum.

Nistkasten: 1 Die einzelnen Teile nach Bauplan zuschneiden. **2** Innenseiten und Frontseite mit einer Holzraspel aufrauen. **3** Die Seitenwände an den Boden schrauben oder nageln. **4** Das Dach mit Dachpappe o. ä. Materialien wetterfest machen und aufsetzen. An einem regen- und katzengeschützten Platz aufhängen.

Lebensräume für Vögel schaffen

Um den unterschiedlichen Bedürfnissen der Vögel gerecht zu werden, sollte man verschiedene Möglichkeiten zum Nisten schaffen und den Vögeln artgerechte Nahrung anbieten. Als Nahrung sind vor allem bestimmte Beerensträucher, Stauden und Bäume geeignet.

Ein **Weißdornstrauch** (Crataegus) zum Beispiel hält gleichzeitig Schutz und Nahrung für Vögel bereit. Er bietet gute Möglichkeiten für den Nestbau, da er festes Holz mit Dornen besitzt. Das Nest hat somit Halt und die Umgebung bietet Schutz vor Angriffen. Die roten Beeren sind für die Vögel eine wertvolle Winternahrung. Der Weißdorn ist zudem relativ anspruchslos, er wächst auch im Halbschatten. Seine Blüten ziehen im Frühling viele Insekten an – Bienen, Hummeln und Schmetterlinge.

Auch der **Schwarze Holunder** (Sambucus nigra) ist Nahrungsquelle und gleichzeitig geschützter Ort für die Piepmätze. Und der **Vogelbeerbaum** (Sorbus aucuparia) bietet, wie sein Name schon sagt, Nahrung für eine Vielzahl von Vogelarten. Weitere bei Vögeln beliebte Gehölze sind beispielsweise Pfaffenhütchen, Schlehe, Süßkirsche, Wacholder, um nur einige zu nennen. Am besten man erkundigt sich vor der Pflanzung direkt in einer Gärtnerei und fragt dort speziell nach Pflanzen, deren Beerenfrüchte als Nahrung für Vögel dienen können.

Als Brutplätze für Vögel dienen viele Arten von Hecken. **Liguster** (Ligustrum vulgare) ist besonders geeignet, denn seine grünen Blätter fallen erst im Frühjahr ab, sodass die Vögel schon Schutz finden wenn die meisten anderen Sträucher noch blattlos sind.

Nistkästen anbringen

Nistkästen sollte man am besten in jedem Baum im Garten aufhängen. Man kann sie mit etwas Geschick selbst bauen, es gibt sie aber auch in vielen Varianten zu kaufen. Baupläne und Ideen für den Bau von Nist-

BAUANLEITUNG NISTKASTEN

- Die Einzelteile nach Bauplan zusägen.
- In das Bodenteil 3 Löcher mit 5 mm Durchmesser bohren.
- Die Innenseiten und die Frontseite mit einer Holzraspel aufrauen.
- Das Einflugloch in der je nach Vogelart richtigen Größe bohren oder sägen (Informationen über die passende Größe findet man in entsprechenden Büchern oder im Internet).
- Die Seitenwände an den Boden schrauben oder nageln.
- Die Rückwand mit Boden und Seitenwänden befestigen.
- Das Dach aufsetzen und verschrauben oder vernageln.
- Die Vorderwand nur an den oberen Enden der Seiten vernageln und testen, ob sie sich aufklappen lässt.
- Eine Leiste zum Aufhängen an der Rückwand anbringen. Bringt man sie quer an, so kann man den Kasten in eine Astgabel hängen.
- Die Tür mit einer Winkelschraube sichern.

kästen findet man zahlreich in Büchern und im Internet. Am besten ist es, Nistkästen in unterschiedlichen Ausführungen zu verwenden. Damit bieten sie verschiedenen Vogelarten einen Nistplatz. Und wenn man die Kästen das ganze Jahr über hängen lässt, können auch Fledermäuse, Schmetterlinge und Florfliegen darin einen Schlafplatz finden. Auch Vögel benutzen die Nistkästen im Winter oft einfach als Schlafplatz. Wenn sie unbewohnt sind, sollte man sie zwischendurch säubern, um mögliche Krankheitserreger oder Parasiten zu entfernen. Wie man die Nistkästen am besten säubert und wann im Jahr der beste Zeitpunkt dafür ist, erfahren Sie auf Seite 136.

Biovegan gärtnern rund ums Jahr

Was gibt es im Gemüse, Blumen- und Obstgarten Monat für Monat zu tun? Was wünschen sich die Tiere im Garten? Allerlei Ideen und Anregungen, vom richtigen Zeitpunkt der Aussaat bis hin zu Rezepten für Grünkohlchips und vegane Meisenknödel – all das finden vegane GärtnerInnen in diesem Kapitel.

Januar

Gemüse, Obst, Blumen und Kräuter

Im Januar ist es ruhig im Garten. Genug Zeit, um sich zu überlegen, was man dieses Jahr anpflanzen und genießen möchte. Man sollte nachsehen, ob die Saaten, die man selbst gesammelt hat, in Ordnung sind. Wer möchte, kann schon das **Saatgut** für das anstehende Jahr planen und nach dem jeweiligem Zeitpunkt der Aussaat **sortieren**.

Die **Beetplanung** auf dem Papier vervollständigen und dabei in weiser Voraussicht gleich die Fruchtarten für das nächste und übernächste Jahr mit einplanen.

Im Januar ist es ruhig im Garten. Wer möchte, kann die Beete für das anstehende Jahr planen.

Tiere im Garten

Vögel füttern. Die **Nistkästen säubern** und, falls man neue hat, jetzt im Garten aufhängen. Für Meisen kann man **vegane Meisenknödel selbst herstellen*):**

Zutaten:
- Biokokosfett
- Biostreuvogelfutter
- einige Netze von Bioorangen oder Biozitronen
- Hanfschnur.

Zuerst das Kokosfett in einem großen Topf auf niedriger Temperatur schmelzen, danach so viel Saatmischung hinzufügen, dass die Körner dicht in der Fettmasse eingebettet sind. Gut umrühren und für 1–2 Stunden in den Kühlschrank stellen. Das Kokosfett wird dann wieder schnell fest und bindet die Körner stabil.

Danach den Topf bei Zimmertemperatur wieder durchwärmen lassen, ca. 2 Stunden reichen. Mit einem Löffel eine schneeballgroße Menge herausnehmen, mit den Händen zu einem Ball formen, auf einen großen Teller legen. Eine Stunde in den Kühlschrank legen. Danach die fertigen Knödel in die Orangennetze legen, überschüssiges Netz zusammenraffen und mit der Hanfschnur zubinden.

Anregungen und Ideen

Wenn man noch einen Vorrat an **getrockneten Kräutern** vom letzten Sommer hat, kann man einen **aromatischen wärmenden Tee selbst mischen**. Zum Beispiel mit Thymian, Johanniskraut und getrockneten Ringelblumen, das kann die Stimmung an grauen Wintertagen aufhellen.

Ein **gutes (Garten-)Buch lesen**.

*) Rezept von www.animalfair.at

Februar

Gemüse, Obst, Blumen und Kräuter

Wenn es milder ist, kann man im Februar schon einige **Kräuter und Blumen auf der Fensterbank vorziehen**. Ideal ist dafür ein heller, nicht zu sonniger Standort und feuchtwarmes Klima für die Saaten. Wenn man die Saatschalen und Töpfchen mit Glas oder Folie abdeckt, fördert das die Keimung. Ende Februar kann man im Haus mit der Ansaat von Salaten beginnen. Für den Standort der Aussaatschalen und -töpfe sollte man einen hellen, jedoch nicht zu sonnigen Raum wählen.

Es ist im Februar immer wieder ein schöner Moment im Garten, wenn man die **ersten Schneeglöckchen** entdeckt.

Tiere im Garten

Vogelfutterhaus säubern und Futter nachfüllen.

DER BIOVEGANE TIPP
Nicht vergessen, ein Schild oder ein Etikett mit dem Namen der Pflanzen anzubringen. Ich schreibe auch oft noch das Datum der Aussaat dazu, um Erfahrungswerte zu sammeln.

Wenn der Februar nicht so kalt ist, beginnen etwa die Meisen schon jetzt ihr Nest zu bauen. Da es immer weniger Niststätten für Vögel gibt, kann ein einfacher Holzkasten im Garten lebenswichtig für sie sein. Wenn Platz genug ist, sollte man möglichst viele davon aufhängen.

Anregungen und Ideen

Terrakotta-Töpfe reinigen. Ich lege sie immer in eine alte Zinkwanne mit Regenwasser. Das weiche Wasser weicht die Moosablagerungen auf. Dann braucht man nicht so zu schrubben und zu bürsten.

Im Februar kann man mit den Aussaaten einiger Pflanzen auf der Fensterbank beginnen.

März

Gemüse, Obst, Blumen und Kräuter

Langsam wird es wärmer, die **Krokusse blühen** und wecken die Vorfreude auf den Frühling.

Wenn der **Boden des Gemüsebeetes** an der Oberfläche etwas abgetrocknet ist und kein Schnee mehr liegt, kann man ihn lockern und **mit Kompost anreichern** (siehe Seite 23).

Gelbsenf als Vor-Gründüngung

Als Vor-Gründüngung kann man im März beispielsweise **Gelbsenf säen**. Er bildet schon in 3–5 Wochen eine bodendeckende Blattmasse. Gelbsenf lockert den Boden durch seine tiefen Wurzeln und verbessert die Bodengesundheit. Er sollte allerdings nicht vor oder nach Kohl-

pflanzen angebaut werden, da er sonst Krankheiten wie die Kohlhernie übertragen kann. Vor der Blüte kann man ihn abschneiden und die Pflanzenreste als wertvollen Mulch liegen lassen.

Aussaatzeit für viele Pflanzen

Nun ist Hauptsaison für die **Aussaat** der meisten Pflanzen **im Haus**. Paprika, Brokkoli, Kosmeen, Rosenkohl, Kresse, Karotten und Tomaten sollten ausgesät werden. Hilfreich ist es, für die verschiedenen Aussaatzeiten die Angaben auf den Samentüten zu beachten. Im März werden im Garten, also **im Freiland**, nun Petersilie, Spinat, Knoblauch, Chicorée und Zwiebeln ausgesät. Ebenso kann man jetzt Erdbeeren, Himbeeren und Stachelbeeren pflanzen.

Lavendel, Clematis und Hortensien lassen sich im März gut **zurückschneiden**.

Tiere im Garten

Vögel füttern.

Ab März dürfen wegen der darin nistenden Vögel **keine Hecken mehr geschnitten** werden.

Anregungen und Ideen

Kinder verbringen gerne Zeit im Garten. Ich habe zum Beispiel letztes Jahr im März mit meinem Neffen Himbeeren gepflanzt und Spinat gesät. Er hat so viel Spaß dabei gehabt – immer, wenn er mich danach besuchte, ist er gleich in den Garten gegangen, um nach seinen Pflanzen zu sehen, sie mit Hingabe zu pflegen und zu gießen.

Gartenwerkzeuge säubern.

Im **Gartenhaus** oder -schuppen **aufräumen**.

Der Krokus weckt als einer der ersten Farbtupfer im Garten die Vorfreude auf den Frühling.

April

Gemüse, Obst, Blumen und Kräuter

Die ersten warmen Frühlingstage sind da. Nun lassen sich schon **Ringelblumen und Kräuter ins Freiland oder in Balkonkästen säen**. Viele Kräuter eignen sich übrigens besonders gut als Balkonpflanzen, etwa Petersilie, Schnittlauch, Basilikum, Thymian, Lavendel, Majoran, Dill und Rosmarin. Für einen hübschen Blumen-Kräuter-Mix eignen sich etwa Ringelblumen, Petunien, Gänseblümchen, Studentenblumen und viele mehr.

Nun kann man auch die **Kübel mit Kräutern**, die im Haus überwintert haben, wieder **ins Freie stellen**, am besten erst einmal an eine Südwand oder ein geschütztes sonniges Plätzchen.

Salatsaison

Im April kann **Salat angepflanzt** werden. Als Frühlingssalate sind grüner und roter Eichblattsalat und Kopfsalat geeignet. Radieschen passen gut als Mischkultur dazu. Pflücksalate wachsen nach, wenn man das Herz stehen lässt, Schnittsalate bilden nach dem Ernten neue Blätter.

Außerdem ist nun die Zeit, um **Wurzelgemüse und Blattgemüse zu säen**.

Fast täglich lassen sich nun die Beete und Balkonkästen mit immer mehr Pflanzen füllen. Viele **Stauden** werden im April **gepflanzt**.

Ebenso ist diese Jahreszeit günstig, um **Obstbäume und Beerensträucher zu pflanzen**.

Tiere im Garten

Wenn man Asthaufen als **Unterschlupfmöglichkeiten** geschaffen hat, sollte man sie liegen lassen und **vorsichtig wieder erneuern**, etwa wenn Äste verrottet und dadurch zusammengefallen sind. Der Winterschlaf eines Igels dauert durchschnittlich bis in den März oder April hinein. Bei schlechtem Wetter nutzen sie die Winterquartiere teilweise sogar noch im Mai.

Man sollte also im Frühjahr **bei Aufräumarbeiten im Garten vorsichtig** sein, denn es können sich noch Langschläfer unter den Laubhaufen befinden. Daran denken, dass sie ja mitten im Winterschlaf auch nicht weglaufen können. Außerdem dienen die Laub- und Reisighaufen noch anderen Tieren als Lebensraum.

Anregungen und Ideen

»Der April macht, was er will.« Dennoch gibt es in diesem Monat genügend schöne Tage und es ist meist noch nicht so heiß und damit günstig, um **Gartenwege und Zäune neu anzulegen**.

An wärmeren Tagen im April können schon die Beete vorbereitet werden.

Mai

Gemüse, Obst, Blumen und Kräuter

Jetzt ist die Zeit gut, einen **Kompost anzulegen**.

Manches **Wintergemüse** kann man bis in den Mai hinein **ernten**, u. a. Topinambur, Winterpostelein oder den vitaminreichen Grünkohl.

Nun kommt Freude bei den Hobbygärtnern auf, denn es geht los mit dem **Bepflanzen der Beete**. Im Mai lassen sich u. a. Erdbeeren, Kräuter, Pflücksalate und Blattgemüse pflanzen und teils sogar schon ernten. Auch der Rhabarber ist erntereif und man kann Rhabarbermarmelade einkochen – mit ein paar Datteln schmeckt sie übrigens besonders gut. Günstig ist es, **wärmeempfindliche Gemüse** wie Tomaten, Zucchini und Buschbohnen **erst Mitte Mai** bzw. nach den Eisheiligen **ins Freiland zu pflanzen**.

Die **Erdbeerreihen mit Stroh mulchen**. Wenn man **Himbeeren pflanzen** möchte, dann ist jetzt die richtige Zeit dafür.

Pflücksalate regelmäßig **ernten**.

Sämlinge von Tomaten und Blattgemüse **pikieren**.

Im Mai ist auch eine gute Zeit, um überwinterte **Balkonpflanzen umzutopfen und neue zu pflanzen**.

Ebenfalls im Mai lassen sich **Gartenteiche** gut **anlegen**.

Tiere im Garten

Fliegen, Schnecken, Maulwürfe, Ameisen, Raupen und Käfer – sie alle sind scheinbar nur lästig, gehören aber genauso zum Lebensraum und Lebenskreislauf als Ganzen dazu und haben alle ihren jeweiligen eigenen Lebens-Sinn.

Tipps zur »**veganen Schneckenabwehr**« finden Sie auf Seite 42.

Anregungen und Ideen

Der Mai ist ein wirklich schöner Gartenmonat. Überall wird gepflanzt und überall gibt es Veranstaltungen zum Thema Garten, Pflanzentage, offene Gartenpforten u. Ä. Ich klappere gerne Pflanzenbörsen in der Region nach Interessantem ab, etwa nach alten Tomatensorten. Oft werden diese von Umweltverbänden und Vereinen organisiert. Es gibt auch Märkte, wo man Saaten austauschen kann.

Vegane Freundinnen und ich tauschen auch gern untereinander Saatgut. Das ist angenehm wegen der Gemeinsamkeit in der biovegan Anbauweise, bei der wir unter anderem auf F_1-Hybriden verzichten.

Der Mai ist da! Auch die Piepmätze begrüßen die warmen Temperaturen.

Juni

Gemüse, Obst, Blumen und Kräuter

Ein paar sonnige Tage im Frühsommer und alles wächst und gedeiht. Der Juni ist der Monat, in dem all die vorherigen »Gartenmühen« belohnt werden. Täglich entdeckt man neue oder kräftiger gewachsene Pflanzen im Garten. Die Bohnen sprießen, die Kräuter duften und die Tomaten bekommen Früchte.

Auch die **Paprika** zeigt **erste Fruchtansätze**. Die **allererste Blüte und Frucht** bei der Paprika sollte man übrigens **ausbrechen**, dann bildet die Pflanze mehr Früchte.

Das **Johanniskraut blüht** oft tatsächlich am Johannitag, dem 24. Juni, und die ersten **Ringelblumen zeigen** ihre ersten fröhlichen orangefarbenen **Blüten**.

Man kann noch **Salat und Wurzelgemüse säen** sowie **Dahlien setzen**. Man sollte auch jetzt, wo es wärmer ist, daran denken, die **Gemüse- und Blumenbeete regelmäßig zu gießen**.

Nun ist eine gute Zeit, um einen neuen Eimer **Beinwell- oder Brennnesseljauche** (siehe Seite 30) **anzusetzen**. So hat man wieder genug Dünger für das restliche Gartenjahr.

Salat und Radieschen am besten **nachmittags ernten**, dann ist der Nitratgehalt geringer.

Täglich kann man weiterhin knackig frischen **Salat** sowie im Laufe des Monats **Kirschen, Johannisbeeren, Erdbeeren und Himbeeren** ernten.

Die **Obststräucher** nach der Ernte **auslichten** und mit Grasschnitt **mulchen**. Ebenso zwischen den Gemüsereihen mulchen. Etwas Holzasche unter die Mulchschicht streuen, das hält Schnecken fern.

DER BIOVEGANE TIPP

Im Juni sollte man ab und zu wie eine Art Pflanzendoktor im Garten alle Pflanzen genau untersuchen und, wenn nötig, mit Pflanzentees oder -brühen behandeln. Bei Bedarf nimmt man auch Spritzungen mit Zwiebel- und Knoblauchtee gegen Pilzbefall vor oder gießt zur Pflanzenstärkung mit Ringelblumenjauche (siehe Seite 48).

Tiere im Garten

Mit etwas Glück sieht man im Juni **Glühwürmchen** im Garten. Die Larven verpuppen sich nämlich Anfang Juni und ungefähr 8–10 Tage später schlüpfen die erwachsenen Käfer. Die Wahrscheinlichkeit, einen dieser

Selbstgemachter Holunderblütensirup schmeckt lecker und ist sehr erfrischend.

Leuchtkäfer zu sehen, ist höher, wenn man so richtig dunkle Ecken im Garten hat.

Um diese Zeit sind **Jungvögel** unterwegs. **Vorsicht** bei der Gartenarbeit, insbesondere **beim Rasenmähen**!

Anregungen und Ideen

Im Juni ist Blütezeit des **Holunder**, der sich dann mit einem hübschen Kleid aus weißen Blütendolden überzieht. Aus den Blüten lassen sich köstliche Holunderküchlein, Gelée und ein erfrischender Holunderblütensirup herstellen. **Rezepte** dazu gibt es zahlreich im Internet.

Zum Juni fällt mir ein schöner Spruch aus Japan ein:

Wenn du hundert Yen hast, kaufe dir für fünfzig Yen Brot, für die anderen fünfzig aber Hyazinthen für die Seele.
Unbekannter Verfasser

Daran sollte man ab und zu denken. Im Garten gibt es trotz der Arbeit, die gemacht werden muss, auch Zeit dafür, einfach mal **die Seele baumeln zu lassen**. Vielleicht hat man ja eine bunte Hängematte oder eine Hollywoodschaukel, in die man sich gemütlich legen, den Gedanken nachhängen und einfach mal **die Ruhe genießen** kann.

Leckere selbstgemachte Marmeladen und Sirup aus den Früchten des eigenen Gartens.

Juli

Gemüse, Obst, Blumen und Kräuter

Im Juli gibt es viel zu tun, die Pflanzen brauchen besonders viel Aufmerksamkeit und Pflege. **Lauch** sollte **angehäufelt**, **Tomatentriebe** regelmäßig **ausgegeizt** und **Fruchtgemüse mit Brennnesseljauche gedüngt** werden.

In Trockenperioden sollte man alle **Pflanzen gut wässern und mulchen**.

Buschbohnen und verschiedene **Salate**, zum Beispiel der Zuckerhut, können **jetzt noch gesät** werden. Ebenso können im Juli **Kartoffeln, Tomaten, Zucchini** und **Paprika geerntet** sowie **Kräuter gepflanzt** werden.

Die **Samen von Sonnenblumen** reifen jetzt und man kann sie **absammeln**.

Schmackhafte Kohlarten wie Blumenkohl und Kohlrabi lassen sich im Juli noch pflanzen.

Jetzt können **Veilchen und Gänseblümchen gesät** sowie **Schlüsselblumen und Rosen gepflanzt** werden.

Wenn man **Frauenmantel** im Juli **zurückschneidet**, bildet er noch einmal Blüten.

Beerensträucher sollte man mit Grasschnitt **mulchen**.

Tiere im Garten

Vorsorglich lassen sich jetzt schon **Winterquartiere für Tiere bauen.**

Auch Blindschleichen und Eidechsen benutzen solche Asthaufen übrigens gerne als Unterschlupf.

UNTERSCHLUPF FÜR IGEL & CO.

Zuerst eine ruhige Ecke im Garten suchen. Der Asthaufen sollte ungefähr 1 m hoch sein und einen Durchmesser von 2 m haben. Er muss Hohlräume aufweisen, in die ein Igel von der Größe her hineinpasst. Den Haufen abwechselnd mit dünnen und dickeren, verzweigten Ästen aufschichten. Da das Holz verrottet, fällt der Haufen mit der Zeit etwas in sich zusammen. Man sollte ihn daher jedes Jahr mit neuen Ästen bestücken und wieder aufrichten.

Anregungen und Ideen

Vormittags, wenn es noch nicht so heiß ist, kann man **Kräuter** wie Borretsch, Bohnenkraut, Liebstöckel, Minze, Rosmarin und Thymian **ernten** und in kleinen Sträußen **zum Trocknen aufhängen**. Dies geschieht am besten an einem dunklen, luftigen Ort.

Borretsch, Ringelblumen und Gemüse im gemischten Beet – Vielfalt sorgt für ein biologisches Gleichgewicht.

August

Gemüse, Obst, Blumen und Kräuter

Im sommerlichen August kann es sehr trocken sein. Darum darf man nicht vergessen, die **Pflanzen gut zu wässern**, am besten mit warmem **Regenwasser**.

Gerade im Hochsommer ist eine **Mulchdecke im Beet zwischen den Kulturen** besonders praktisch, denn sie hält die Feuchtigkeit richtig gut im Boden und schützt ihn vor Austrocknung. Um diesen positiven Effekt zu verstärken, ist es vorteilhaft, immer wieder eine neue Schicht organisches Material, z. B. angetrockneten Grasschnitt, nachzulegen. Auch die Beerensträucher freuen sich in diesem heißen Sommermonat besonders über eine Mulchschicht. Diese Schicht sollte man um die Sträucher herum legen.

Im **August** beginnt eine besonders beliebte Gartenarbeit, nämlich das **Ernten**! Fruchtgemüse und besonders Obst gibt es dann in Hülle und Fülle, u. a. Brombeeren, Zwetschgen, Pflaumen und Mirabellen. Auf dem Boden liegendes Obst immer aufsammeln, sonst könnten sich Krankheiten verbreiten.

Wenn man jetzt wirklich fleißig erntet, beispielsweise auch Fruchtgemüse **wie Tomaten und Zucchini**, dann bilden die Pflanzen immer wieder neue Früchte nach.

Es bietet sich an, auf abgeerntete Flächen eine **Gründüngung auszusäen**, etwa Bienenfreund (Phacelia). Die Pflanze wächst sehr schnell und kann schon in 5–6 Wochen wieder abgeschnitten und mitsamt den Wurzeln in den Boden eingearbeitet werden. So hat man diesen vor der Augusthitze geschützt und dabei zugleich die Erde gelockert und mit Nährstoffen versorgt, die ja in den Wurzeln gespeichert sind. Auch Luzerne, Klee und Lupinen eignen sich als Gründüngungspflanze zur Aussaat im August.

Im August lässt sich noch vielerlei **Gemüse aussäen**, u. a. Feldsalat, Radieschen, Spinat und Winterportulak.

Kohlrabi, Endiviensalat und Petersilie lassen sich bis Mitte und Winter-Kopfsalat bis Ende August pflanzen. Mangold kann man noch aussäen.

Nicht vergessen, die durstigen **Radieschen** gut zu **wässern**, sonst werden sie zäh und schmecken scharf.

Im August ist auch Zeit, **Pflanzen** zu **vermehren**.

Grünkohl pflanze ich bereits im August ins Beet. Und seitdem ich weiß, wie man Grünkohl-Chips zubereitet, mache ich das gleich reihenweise!

Mr. Veganowicz freut sich im Namen der Tiere über die Abdeckung auf der Regentonne.

Tiere im Garten

Daran denken, die **Regentonne** immer **mit einem Gitter oder Netz abzudecken**, damit keine Tiere darin ertrinken können. Das passiert leider nicht selten.

Anregungen und Ideen

Eine wertvolle Zeit: mit Kindern im Garten. Ich glaube bald, alle Kinder lieben Pflanzen. In den Sommerferien hatte ich Besuch von einer Freundin mit ihren beiden Kindern, Sohn und Tochter. Und wie ich es bei meinem Neffen erlebt hatte, waren auch sie mit Begeisterung am Gärtnern.

GRÜNKOHL-CHIPS

nach einem Rezept eines jungen veganen Kochs.

Zutaten:
4 EL Cashewkerne
1 EL Hefeflocken
100–125 g Grünkohl
1 EL Olivenöl
1 EL Apfelessig
2–4 EL Sojasauce

Die Cashewkerne im Mixer zerkleinern und die Hefeflocken damit vermischen. Den Grünkohl in Chipsgröße zerrzupfen und mit Essig, Olivenöl und Sojasauce mischen. Cashew-Hefeflocken-Masse damit vermengen. Die Chips auf ein Backblech mit Backpapier legen und bei 130 Grad 30–40 Minuten im Ofen backen.

Dieses und weitere vegane Rezepte siehe unter www.kochsvegan.de.

Wir haben beinahe die ganzen Ferien gegraben, gepflanzt und gesät. Und die Kinder haben immer voller Freude jeden Tag in den Garten geschaut und später immer ganz gespannt am Telefon gefragt, wie weit die Pflanzen sind, die sie gesät hatten, ob schon Kürbisse da wären, ob das Insektenhotel schon Gäste hatte und dass ich auch ja nicht vergessen sollte, die Erdbeeren zu gießen. Meine Freundin erzählte mir, dass sich ihr Sohn jetzt zu Weihnachten ein Gewächshaus wünscht! Spielkonsole, Handys & Co. sind auf einmal Nebensache. Und das finde ich gut!

Wunderschön ist der Garten im Hochsommer! Das Gießen sollte man aber nicht vergessen.

September

Gemüse, Obst, Blumen und Kräuter

Salate, Endivien, Gurken, Kürbis, Zucchini, Blumenkohl, Brokkoli, Paprika, Tomaten, Möhren, Rettich, Rote Bete, Spinat – all das und noch viel mehr kann man im September **ernten**!

Günstig ist es, im September bereits **Spinat** für die Ernte im Frühjahr zu **säen**.

Rote Bete, Zwiebeln und **Feldsalat** lassen sich jetzt noch ins Freiland **säen**.

Auch für die meisten **Kräuter** ist jetzt **Erntezeit**. In kleinen Sträußen aufgehängt, **trocknen** sie am besten. Die ätherischen Öle bleiben am aromatischsten, wenn man die Kräuter an einem luftigen, nicht zu hellen Ort aufhängt. Ideal ist ein Raum mit gemäßigten Temperaturen.

Reiche, leckere Gartenernte im September mit gern gesehenem Überraschungsbesuch!

Tomaten, die Ende September noch grün sind, lassen sich bestens **im Haus nachreifen**. Dafür in einen Kasten mit Zeitungspapier legen, einen Apfel dazugeben und in einem warmen Raum stellen. Innerhalb von ein paar Tagen reifen sie nach und färben sich rot. Der Apfel gibt Ethylen an die Luft ab, ein Gas, das die Reifung beschleunigt.

Tiere im Garten

Um diese Zeit stehen die Nistkästen meistens leer. Die Vögel haben ihren Nachwuchs großgezogen, die Kleintiere, die in Nistkästen überwintern, und die Vögel, die darin übernachten, suchen die Nistkästen erst im Herbst wieder auf, wenn es kälter wird. Ein guter Zeitpunkt also, um die Nistkästen zu säubern. Dafür darf man auf keinen Fall irgendwelche scharfen Reinigungsmittel benutzen! Am besten man bürstet die Kästen gut ab und fegt sie sauber aus.

Man sollte **Nistkästen das ganze Jahr hängen lassen**, denn dann kommen auch Fledermäuse, Wespen oder Ohrwürmer, um sich darin eine Behausung zu suchen.

Anregungen und Ideen

Wer mit dem Gedanken spielt, einen **Baum zu pflanzen**, für den ist jetzt der richtige Zeitpunkt, um sich bei der Sortenauswahl und zur Pflanzung und Pflege von Bäumen beraten zu lassen. Am besten geschieht dies in einer Baumschule oder guten Gärtnerei. Ab dem nächsten Monat, also von Oktober bis März, ist nämlich die ideale Pflanzzeit für Bäume. Dazu ein schönes Zitat:

Wer Bäume setzt, obwohl er weiß,
dass er nie in ihrem Schatten sitzen wird,
hat zumindest angefangen,
den Sinn des Lebens zu begreifen.

Rabindranath Tagore (1861–1941)

Oktober

Gemüse, Obst, Blumen und Kräuter

Jetzt ist **Erntezeit** für u. a. Mangold, Feldsalat, Baumspinat, Topinambur, Pastinaken, Kapuzinerkresse und Kürbisse.

Kräuter ernten und bereits **getrocknete Kräuter** in Gläser **abfüllen**.

Komposthaufen aufsetzen.

Gründüngung, beispielsweise Rotklee oder Luzerne, auf abgeernteten Beetflächen **aussäen**. Luzerne (Alfalfa) ist ein Stickstoffmehrer. Die tiefwurzelnde Pflanze gehört zu den Leguminosen (siehe Seite 18) und eignet sich besonders gut als Gründüngung für schwere Böden.

Auch der winterfeste **Feldsalat** lässt sich im Oktober **aussäen**.

Rote Bete und **Kapuzinerkresse** sollten keinen Frost abbekommen; daher empfiehlt es sich, sie **rechtzeitig abzuernten**.

Obstbäume können gut im Oktober **gepflanzt** werden, da sie dann vor dem Winter noch genug Zeit zum Einwurzeln haben.

Tiere im Garten

Bevor es kalt wird, sollte man dafür sorgen, dass **Tiere** im Garten einen **Unterschlupf für den Winter** haben.

Plätze unter Hecken, Erdmulden und Haufen aus Holz, Reisig und Laub bieten Schutz vor der Kälte. Bei anhaltendem Bodenfrost suchen zum Beispiel Igel ihre Winterquartiere auf. Am besten ist es, wenn im Garten nun nicht mehr groß aufgeräumt wird. Vor allem sollten die Laub- und Reisighaufen, wenn es schon kalt ist, unbedingt in Ruhe gelassen werden.

Anregungen und Ideen

An langen Herbstabenden kann man **Mitbringsel aus den Schätzen des Gartens** herstellen. Getrocknete Blüten und Kräuter eignen sich z. B. wunderbar zur Herstellung von würzigen Blütensalzen.

Die **Blütensalze** bestehen aus einer bunten Mischung getrockneter Blüten und Kräuter. Ich trockne sie auf einem großen flachen Bastkorb. Die Blüten müssen zuletzt rascheltrocken sein. Dann zerkleinere ich sie in einem Mörser und fülle Kräuter und Blüten zusammen mit Steinsalz durch einen Trichter in kleine Gewürzgläser, die ich dann hübsch beschrifte. Für eine süße Variante, den **Lavendelzucker**, mische ich 1 EL Lavendelblüten mit 100 g Zucker und fülle die Mischung dann in Schraubgläser.

Selbstgemischte Blüten- und Kräutersalze machen gute Laune und sind schöne Mitbringsel.

November

Gemüse, Obst, Blumen und Kräuter

Der Winter ist da und es gibt nicht mehr allzu viel im Garten zu tun. Oft fällt im November schon der erste Schnee. Wenn es stark schneit, sollte man darauf achten, dass Baumäste im Garten nicht unter der Schneelast brechen. Den **Schnee** kann man **vorsorglich** mit einem Besen oder Stock **herunterkehren**.

Obstgehölze, beispielsweise Holunder, Brombeeren oder Johannisbeeren, lassen sich gut im November **pflanzen**.

Winterkohl nach dem ersten Frost ernten. Wenn sie einmal Frost abbekommen haben, sind Grünkohl, Wirsing und Rosenkohl reif zur Ernte.

Die Beete sollten keine freien Flächen haben. Wenn man nicht überall Gründüngung gesät hat, dann den nackten Boden mit Laubmulch abdecken. Das letzte **Herbstlaub liegenlassen** und etwas zusammenfegen, so entstehen noch schnell ein paar Winterquartiere.

> ### BIO-STREUFUTTER FÜR VÖGEL
>
> Streufutter für Vögel kann man leicht selbst herstellen:
>
> **Zutaten:**
> Geschälte und zerkleinerte Erdnüsse
> Hirseflocken
> Sonnenblumenkerne, geschält und ungeschält
> Maiskörner
> Rosinen
> Hirse
> evtl. etwas Olivenöl hinzufügen
> alles miteinander mischen.
>
> Rezept von www.animalfair.at

Tiere im Garten

Vogelfutterhäuser aufhängen. Wenn Katzen im Garten ein und aus gehen, die Futterstellen so hoch anbringen, dass sie nicht heran können.

Nistkästen hängen lassen, manchmal schlafen Vögel im Winter darin.

Anregungen und Ideen

Kräuterkissen selbst nähen und mit getrocknetem Lavendel, Thymian und Oregano füllen. Hübsch sind sie aus gemusterten Stoffen. Wenn man sie in der Hand knautscht, steigt der wunderbare Duft empor. Ein schönes Mitbringsel!

Das Vogelfutterhäuschen befüllen wir regelmäßig mit hochwertigem Futter.

Dezember

Gemüse, Obst, Blumen und Kräuter

Rosenkohl, Feldsalat, Grünkohl und **Dill** ernten.

Winterharte Kräuter dürfen nicht austrocknen, daher immer wieder kontrollieren und **bei Bedarf gießen**.

Stiefmütterchen und **Sonnenhut** kann man bereits jetzt **aussäen**.

Tiere im Garten

Vögel füttern. Dabei darauf achten, dass das Futter hochwertig und für die verschiedenen Vogelarten etwas dabei ist (siehe Rezept Seite 138).

Anregungen und Ideen

Viel gesunden **Grünkohl** aus dem Garten essen. Er enthält nicht nur Vitamine, sondern auch wertvolle Omega-3-Fettsäuren (siehe Seite 67).

Neue vegane Rezepte für Grünkohl ausprobieren, indem man einmal selbst alte Rezepte »veganisiert«. Dafür muss man kein Meisterkoch sein. Zum Beispiel kann man das klassische »Grünkohl mit Pinkel« auch mit Räucher-Tofu oder veganen Seitan-Würstchen zubereiten.

Zwischen den Jahren ist oft eine gute Zeit, sich ganz grundsätzlich Gedanken zu machen. Manchmal hat man ja seine Träume … ich könnte mir beispielsweise vorstellen, dass man in Zukunft das Wort »vegan« gar nicht mehr benötigt, weil es irgendwann normaler geworden ist, so zu leben. Realistisch ist aber, dass immer mehr Menschen anfangen, nachzudenken. Und den

DER BIOVEGANE TIPP

Im Winter kann man den Schnittlauch aus dem Garten ins Haus holen. Dafür gräbt man die kleinen Zwiebeln samt Erdballen aus. Dazu sollte man im Sommer die Stelle, wo der Schnittlauch wächst, markieren – das erspart das Suchen und Graben an der falschen Stelle. Nun stellt man sie an einen kühlen Ort, damit sie langsam auftauen können. Nach einem Tag kann man die Pflanze in einen Topf pflanzen und auf eine Fensterbank stellen. Die Zwiebeln treiben innerhalb kurzer Zeit aus und wir können mitten im Winter unseren veganen »Kwaak« (siehe Seite 90) mit frischen Schnittlauchhalmen würzen.

Mut fassen, sich darüber zu informieren, unter welchen Umständen die »Tierproduktion« wirklich abläuft. Das ist nicht einfach, denn die Bilder und Fakten sind schrecklich und schwer zu ertragen. Aber wie viel schlimmer ist es erst für die Tiere, das auszuhalten?

Winterfeste Kohl-Arten sorgen für frische Vitamine in der kalten Jahreszeit.

Adressen, die Ihnen weiterhelfen

Biovegane Dünger

Uwe Böhm
natur-concepts
Oberer Weg 17
09434 Hohndorf
Tel.: 0 37 25 / 4 49 97 01
www.natureconcepts.de
*(Veganer Dünger und Mulch
aus Kakaoschalen)*

Beckmann & Brehm GmbH
Hauptstraße 4
27243 Beckeln
Tel.: 0 42 44 / 92 74-0
www.beckhorn.de
*(Vegane Gemüse-und
Kräuterdünger, Phytopellets)*

Maltaflor International GmbH
Kirchberg 37b
56626 Andernach
Tel.: 0 26 32 / 94 83 20
www.maltaflor.de
*(Veganer Dünger aus
Malzkeimen)*

Bio Humo Oliva
Simeon Paraskevaidis
Hohewartstr. 40
70469 Stuttgart
Tel.: 01 70 / 7 26 05 43
www.humooliva.de
*(Veganer Dünger und Boden-
verbesserer aus Abfällen der
Olivenölproduktion)*

Biokaufladen Litzenberger
Dip. Ing. (FH) Willi Litzen-
berger
Jakob-Dörr-Straße 17
76187 Karlsruhe
Tel.: 07 21 / 56 15 91
www.biokaufladen.de
(Ackerbohnenschrot)

Ökologische Saaten, Gründüngung

Bioland Hof Jeebel
Biogartenversand OHG
Inh. Gerhard Wacha, Nico
Heere
Jeebel 17
29410 Salzwedel OT Jeebel
Tel.: 03 90 37 / 7 81
www.biogartenversand.de
*(Saatgut, Pflanzen und
Werkzeuge, Pendelhacke,
Gründüngung)*

Dreschflegel Bio-Saatgut
Dreschflegel GbR
In der Aue 31
37213 Witzenhausen
Tel.: 0 55 42 / 50 27 44
www.dreschflegel-saatgut.de

Bingenheimer Saatgut AG
Ökologische Saaten
Kronstraße 24
61209 Echzell-Bingenheim
Tel.: 0 60 35 / 18 99-0
www.bingenheimersaatgut.de

Biofa AG
Rudolf-Diesel-Str.2
72525 Münsingen
Tel.: 0 73 81 / 93 54-0
www.biofa-profi.de

Österreich

ARCHE NOAH
Obere Straße 40
A-3553 Schiltern
Tel.: +43 / (0) 27 34 / 86 26
www.arche-noah.at
*(Verein zum Erhalt der
Kulturpflanzenvielfalt)*

Zubehör, Effektive Mikroorganismen, Terra Preta

Firma Tria Terra
Fritz-Reuter-Str.20
19376 Groß Pankow
Tel.: 03 87 24 / 2 01 92
www.triaterra.de
(Terra Preta)

EMIKO Handels-
gesellschaft mbH
Mühlgrabenstraße 13
53340 Meckenheim
Tel.: 0 22 25 / 9 55 95-0
www.emiko.de
(Effektive Mikroorganismen)

Triaz GmbH
Waschbär - Der Umwelt-
versand
Wöhlerstraße 4
79108 Freiburg
Tel.: 07 61 / 1 30 61 49
www.waschbaer.de
(Paperpotter)

EM Chiemgau
Christof Fischer GmbH
Hochgernstraße 4
83139 Söchtenau / Haid
Tel.: 0 80 55 / 9 03 04 00
www.em-chiemgau.de
(Effektive Mikroorganismen)

Nistkästen

WildtierShop GmbH
Billbrookdeich 216
22113 Hamburg
Tel.: 0 40 / 9 70 78 69 10
www.wildtierland.de

Sanimalis Naturprodukte
GmbH
Kommweidenstraße 6
52525 Heinsberg
Tel.: 08 00 / 8 09 08 07
www.naturschutz-zuhause.de

Vereine und Informationen zu Veganismus, bioveganem Gartenbau und zum Tierschutz

Vegetarierbund Deutschland
e. V. (VEBU)
Genthiner Straße 48
10785 Berlin
Tel.: 0 30 / 29 02 82 53-0
www.vebu.de

Bund für Vegane
Lebensweise e.V.
Dorfstr. 10
21391 Reppenstedt
Tel.: 0 41 35 / 8 09 91 86
www.vegane-lebensweise.org

Stiftung Hof Butenland
Lebenshof für Tiere
Jan Gerdes
Niensweg 1
26969 Butjadingen
Tel.: 0 47 33 /2 19
www.stiftung-fuer-tierschutz.
de

Daniel Mettke
Dipl. Ing. (FH) Ökologische
Landwirtschaft
Klein Gartz 4
29410 Hansestadt Salzwedel
Tel.: 03 90 37 / 18 40 03
www.biovegan-landbau.de
*(Biovegane Produkte &
Dienstleistungen)*

Bioveganes Netzwerk
www.biovegan.org

Österreich

animal.fair
Verein für Fairness
gegenüber Tieren
Kopernikusgasse 9–11/16
A-1060 Wien
Tel.: +43 / (0) 6 99 / 19 58
88 94
www.animalfair.at

Stichwortverzeichnis

Seitenzahlen mit * verweisen auf Abbildungen, **fette** *Seitenzahlen sind Hauptverweise*

Achtsamkeit 10
Ackerbohnenschrot 32, 37
Ackerschachtelhalm
  -brühe 46
  -jauche 49*
  -tee 47, 49*
Akelei 92, 92*
Alant 93, 93*
  -blüte 94
  –, Echter 93
Alcea rosea 102
Alchemilla mollis 117
Alfalfa 137
Allium schoenoprasum 90
Antirhinnum majus 98
Anti-Schnecken-Tipps 44
Anzucht 127
  -töpfchen, selbst gemachte 51*
Apium graveolens var. *rapaceum* 72
Aquilegia vulgaris 92
Arbeitskalender 126 ff.
Artenvielfalt 41
Asia-Salate 70
Asthaufen 129
ätherische Öle 79
Ausgeizen 74
Aussaat **50 ff.**, 127*, 128
  -schalen 51
  –, Töpfchen für die 41

Basilikumtee 48
Baum pflanzen 136
Baumstamm, toter 119
Beerenobst 104 ff.
Beerensträucher 133
Beet
  – ohne Spaten 17
  -pflege, bodenschonende 16
  -planung 126
  – vorbereiten 129*
Beinwell 24, 33
  – als Kompostbeschleuniger 34

-jauche 30, 34, 131
Bienenfreund 22, 28 f., 134
biologischer Landbau 10
biovegane Landwirtschaft 9, 19
biovegane Saaterde 52
bioveganes Gärtnern 8
Blattdünger 31
Blattläuse 61
Blattsalat 58
Blindschleiche 114*, 115
Blumen 92
Blumengarten 56 ff.
Blumenwiese 114*, 116
  – anpflanzen 114
Blütensalze 137, 137*
Blutmehl 26
Boden
  -bearbeitung 16 f.
  -fruchtbarkeit 60*
  –, Lehm- 16
  -lockerung 17
  –, Sand- 16
  –, schwerer 16
Bohnen 58
  –, Busch- 62, 64, 64*, 133
  –, Feuer- 65, 66*
  –, Stangen- 62
Bohnenkraut 79 f., 80*
Borretsch 58, 133*
Brauner Waldvogel 110*, 119*
Braunfäule 74
Brennnessel 35, 118
  -bier 36
  -blätter 32
  -jauche 30, 131, 133
  -Kaltwasserauszug 46
Brombeere 104, 104*
Bulgur 19
Buntspecht 112
Buschbohnen 62, 64, 64*

Calendula officinalis 99
Calendula-Öl 99
Centaurea cyanus 96

Cosmea bipinnatus 97
Crataegus 123

Dachs 113
Dill 62, 139
Diptam-Dost 85
Doktorpflanzen 46
Düngemittel, vegane 37
Düngen mit Kompost 25
Dünger
  – aus Beinwellmulch 34
  –, organischer 26
Düngung **26 ff.**

Effektive Mikroorganismen 37
Eichhörnchen 112, 113*
Eidechse
  –, Zaun- 117*
Eiweiß, pflanzliches 19
EM 37
Entschleunigung 113
Enzyme 37
Erdbeeren 61, 105, 105*
  –, hängende 105
  –, Monats- 105
Erdkröten 112
Ernte 8*, 136*

F₁-Hybrid-Saatgut 55
Falafel 19
Feldsalat 62, 70, 137, 139
Feuerbohnen 65
  –, Blüten 66*
  –, Hülsen 66*
Fledermäuse 112, 116, 136
Flüssigdünger 31
Fragaria × ananassa 105
Frauenmantel 115*, 117, 133
Frösche 112, 115
Froschgoscherl, Garten- 98
Fruchtfolge 59

Gartenwerkzeuge 16, 128
Gehäuseschnecke 42
Gelbsenf 128
Gemüse 60*, 64
  – aussäen 134

–, wärmeempfindliche 58
  -beet 58*, 60*, 128, 133*
  -beet anlegen 58
  -beet planen 58
  -garten 56 ff.
Geranium 117
Gesteinsmehl 37
Gewürzpflanzen 78
Gewächshaus 9
Gießen
  –, richtig 55
Gießkannen 55
Gilbweiderich 117 f., 118*
Gleichgewicht 55
Glockenwurz 93
Glühwürmchen 42, 112, 131
Grabegabel 16
Grashüpfer 112, 115
Grillen 112, 115
Grubber 16, 25
Gründünger 42
Gründüngung 9, 22, 28, 128, 134, 137
Grünkohl 58, 67, 138 f., 139*
  -Chips (Rezept) 135
Guano 38
Gurken 62
  –, Rankhilfe für 101

Haarmehl 26
Hacke 16
  –, Klein - 16
  –, Pendel- 16 f.
Hagebutten 103
  -tee 103
Hauptnährstoffe der Pflanzen 26
Heilkräuter 48
Helenenkraut 93
Helianthus annuus 101
Himbeere, Borstige 106
Holunder 132
  -blütensirup 131*
  –, Schwarzer 123
Holzasche 37
Horn 26
Hornspäne 32
Hummeln 94
Hummus 19
Humus 27

Igel 116
  –, Unterschlupf für 133

Immenkraut 91
Insektenhotel 121
  – bauen 120*
Inula helenium 93
Inulin 75

Jauche
  – aus Tomatenblättern 32
  – aus Tomatentrieben 32
  –, Beinwell- 30, 34
  –, Brennnessel- 30
  –, Kohl- 31
Johannisbeere
  –, Rote 108, 108*, 109*
  –, Schwarze 109
  –, Weiße 109
Jungpflanzen 53

Kalium 26
Kapuzinerkresse 61, 74*, 95, 95*
  -Aufguss 46
Karotte 62
Keimung 127
Kichererbsen 19
Kinder 116, 135
Klee 22
Knoblauch 61
  -jauche 48
  -tee 48
  -Zwiebelbrühe 46
Knochenmehl 26
Knollensellerie 72, 72*
Kohl
  -Arten 60
  -jauche 31
Kohlrabi 58, 60*, 68
Kompost **23 ff.**, 128
  – als Dünger 25
  – anlegen 24
  – einarbeiten 25
  –, halbreifer 25
  -haufen aufsetzen 137
Kopfsalat 70
Kornblume 96, 96*, 97*
Kosmea 97
Kosmee 97, 97*
Kräuter 78 ff.
  -beet 70
  – der Provence 91
  – düngen 79
  -ernte 136 f.
  -garten, bioveganer 78
  – im Topf 78
  -jauche, Misch- 48

-salze 137*
-spirale 88
-tee 126
Krokusse 128, 128*
Kulturschutznetz 41, 41*
Kwaak 90

Landkärtchen 113*
Laubhaufen 116
Laubmulch 138
Lauch 58, 60*
Lavandula 81
  – *angustifolia* 81
  – *stoechas* 81
  – × *intermedia* 81
Lavendel 81, 81*
  –, Echter 81
  –, Englischer 81
  –, Schopf- 81
Lebensräume 11
  – schaffen 112
Leguminosen 18, 29
Lehmboden 16
Levisticum officinale 82
Libellen 115
Liebstöckel 82, 82*
Liguster 123
Ligustrum vulgare 123
'Lollo Bionda' 70
'Lollo Rosso' 70
Löwenmäulchen 98, 98*
Lupinen 22, 28
Luzerne 22, 137
Lycopersicon esculentum 73
Lysimachia vulgaris 118

Maggikraut 82
Maiglöckchen 107
Majoran 79
  –, Wilder 85
Mauerruine 116
Maulwurf 113
Meisenknödel, vegane 126
Melissa officinalis 83
Mentha 83
  – × *piperita* 83
  – *spicata* 83
  – *spicata* 'Crispa' 83
  – *suaveolens* 'Variegata' 83
Minze 83 f., 83*, 84*

–, Ananas- 83
–, Krause 83
–, Pfeffer- 83
-sorten 83
–, Speer- 83
Mischkultur 59,
    61 ff.
Mist 38
Mittelzehrer 29
Möhrenfliege 62
Molche 115
Mr. Veganowicz 12,
    12*, 134*
Mulch
    -decke 18, 134
    -decke aus Gras-
    schicht 21*
    -schicht 18
Mulchen **20 ff.**
    – mit Beinwell-
    schnitt 21
    – mit Beinwell-
    blättern 22
    – mit Brennnessel-
    schnitt 21
    – mit Grasschnitt
    20
    – mit Grünabfall
    21
    – mit Gründüngung
    22
    – mit Kompost 21
    – mit Laub 22
    – mit Materialmix
    22
    – mit Stroh 21
    – mit Wiesenschnitt
    20, 22*

Nachbarschaft, gute
    und schlechte
    61 ff.
Naturschutz 96
Nistkästen 113, 123,
    130*, 136, 138
    – bauen 122
    – säubern 126
NPK 26

Ochsenauge 85*
Ohrwürmer 121
Ölrettich 28
Oregano 79, 85, 85*
organischer Dünger 26
Origanum
    – dictamnus 85
    – vulgare 85

Papiertöpfe 51
Paprika 69, 131
Patisson 76
Pendelhacke 16 f.
Permakultur 17, 79*
Petersilie 86, 86*
Petroselinum crispum
    86
Pfefferminze 79, 83
Pflanzen
    -aufgüsse 46
    -auszüge 46
    -brühen 46
    -extrakte 46
    -hüte 41, 41*
    -jauche 30, 46, 48
    -schutz **40 ff.**
    -tees 46 f.
Pflanzetikett 127
Pflanzung **50 ff.**,
    54 f.
Pflücksalat 58, 70
    – 'Catalogna' 70
Phacelia 22, 28 f.,
    134
Phaseolus
    – coccineus 65
    – vulgaris var.
    nanus 64
Phosphor 26
pH-Wert 16
Pikieren 52 f., 53*
Pizza 85
Platzbedarf von
    Gemüsesorten 59
Potpourri, Duft- 103

Quendel 91
    –, Römischer 91

Radieschen 134
Rainfarnbrühe 46
Rasenfläche 115
Regen
    -tonne 135
    -wasser 55, 134
Reisighaufen 116,
    116*
Rhabarberblättertee
    48
Ribes rubrum 109
Ringelblumen 58,
    99 f., 99*, 100*,
    129, 131, 133*
    -jauche 48, 99
    -salbe 100
Rosmarin 11*, 87,
    87*
Rosmarinus officinalis
    87
Rotkehlchen 121*
Rotklee 28, 137
Rotkohl 60*
Rubus
    – fruticosus 104
    – phoenicolasius
    106
Rucola 58, 59*, 70

Saatgut 126, 130
    –, sortenfestes 55
Saatschalen 127
Salat 70 ff., 70*, 129,
    131, 133, 136
    -kalender 70
Salbei 79, 88 f., 88*
    –, Ananas- 88, 89*
    –, Gelber 88, 88*
    –, Klebriger 88
Salvia
    – glutinosa 88
    – officinalis 88
    – rutilans 88
Sambuca nigra
    123
Samen 97
    -tütchen 52
Sandboden 16

Schmetterlinge 35,
    94, 100, 112, 116,
    118 f.
Schnecken **42 ff.**
    – absammeln 45
    -abwehr 42
    -gehäuse 42
    -zäune 41, 46
Schnittlauch 90, 139
Schwachzehrer 30
Seide 36
Selbstaussaat 97
Selbstversorger,
    biovegane 38
Sellerie 72
    –, Knollen- 72, 72*
Senf 28
Senfsaaten 22
Sojajoghurt 90
Sonnenblume 101,
    101*, 133
    –, Riesen- 101
Sonnenhut 11*,
    79, 79*
Sorbus aucuparia
    123
Sorten, saatfeste 55
Spearmint 83
Spinat 22, 28, 62,
    136
Stangenbohnen 62
    –, Rankhilfe für
    101
Starkzehrer 29, 60
Steinhaufen 116
Stickstoff 26
Stockrose 102, 102*
Storchschnabel
    115*, 117
Studentenblumen
    46
Symphytum officinale
    33

Tabouleh 86
Tagetes 46
Tagpfauenauge 94,
    112

Tee
    – aus Kapuziner-
    kresse 48
    – aus Löwenzahn
    48
    – aus Rainfarn 48
Teich 115
Terra Preta 37
Terrakotta-Töpfe
    127
Thymian 91, 91*
    – Bergamotte- 91
    –, Garten- 91
    -öl 91
    –, Zitronen- 91
Tierbehausungen
    116
Tierleben im Garten
    112
Tiermist 38
Tigerschnecke 42
Tomaten 58, 61, 73,
    73*, 74*, 133
    -anbau 74
    – 'Balkonstar'
    –, Busch- 73
    –, Cocktail- 73
    –, Fleisch- 73
    -ernte 136
    -haus 8*, 74
    –, Kirsch- 73
    – 'Matina' 73
    – 'Rote Murmel'
    73
    -sorten 73
    –, Spalier- 73
    –, Stab- 73
    – 'Tiny Tim' 73
Topinambur 75, 75*,
    130, 137
Torf 51
Totholzstamm 119,
    119*
Trockenmauer 116
Tropaeolum majus
    95

Unterschlupf 137

Vegane Aussaat-
    erde 52
vegane Dünge-
    mittel 37
vegane Lebens-
    weise 9
Veggiedünger 37
Vlies 53
Vogelbeerbaum 123
Vogelfutter herstellen
    138
Vogelfutterhäuser
    138, 138*
Vogeltränke 113*
Vorkultur 51

Wärmespeicher 79
Wegschnecke
    –, Rote 42
    –, Spanische 42
Weinbeere, Japa-
    nische 106 f.,
    106*, 107*
Weißdornstrauch
    123
Wetterblume 99
Wicke 22
Wiese 115
Wildbienen 118
Wildhecke 116
Wildkräuterecke 115,
    116
Wildrosen 103,
    103*
Wildstrauchhecke
    116
Wintergemüse 130
Winterquartiere 133

Zitronenfalter 112
Zitronenmelisse 83
Zucchini 50, 58, 59*,
    76, 77*
    -pflanze 50*, 76
Zuckerhut 70
Zwiebel 62, 136
    -brühe 46
Zwiebelfliege 62

Danksagung

*Dieses Buch widme ich Zwacki. Ich bedanke
mich ganz herzlich bei Lucy, H., Ruth, Silke,
Kabajulchen und bei meinen Eltern.*

Bildnachweis

Alle Bilder von der Autorin, außer:

2xwilfinger – Fotolia: 138
Atelier A – shutterstock.com: 24
Fesus Robert – shutterstock.com: 81
Flora Press/GWI: 82
Flora Press/Royal Horticultural Society: 45
Flora Press/The Garden Collection/Torie Chugg:
    91
Flora Press/Thomas Lohrer: 44
LianeM – shutterstock.com: 48
Maksym Gorpenyuk – Fotolia: 112

mauritius images/imageBROKER/Armin Floreth:
    121
Mauritius images/Alamy: 113o, 114r
Mauritius images/imageBROKER/Marco König:
    117o
Mauritius images/imageBROKER/Reinhard
    Hölzl: 116r
Mauritius images/imageBROKER/Ulrich
    Niehoff: 130
Sternstunden – shutterstock: 135
Strauß: 49, 53, 86, 105, 114l
Timmermann: 78

Über die Autorin

Susanne Heine, Naturkostfachberaterin und begeisterte Hobbygärtnerin, lebt seit 2009 vegan. Sie bewohnt mit Freunden und ihren zwei Katzen ein Fachwerkhaus inmitten des schönen Weserberglands. Seit vier Jahren bewirtschaftet sie einen biovegan Garten. Über ihr Gartenjahr schreibt sie Beiträge für ihren Blog sowie für den Bund für vegane Lebensweise und tauscht sich im bioveganen Netzwerk aus. Außerdem gibt sie Beratungen zur veganen Vollwerternährung und betreut eine Tierschutzhotline.
Mehr Infos unter: www.reisbluete.blogspot.de und unter www.vegane-lebensweise.org/vegan-im-alltag-3/der-vegane-garten.

Impressum

Bibliografische Information der Deutschen Nationalbibliothek

Die Deutsche Nationalbibliothek verzeichnet diese Publikation in der Deutschen Nationalbibliografie; detaillierte bibliografische Daten sind im Internet über http://dnb.d-nb.de abrufbar.

BLV Buchverlag GmbH & Co. KG
80797 München

© 2015 BLV Buchverlag GmbH & Co. KG, München

Das Werk einschließlich aller seiner Teile ist urheberrechtlich geschützt. Jede Verwertung außerhalb der engen Grenzen des Urheberrechtsgesetzes ist ohne Zustimmung des Verlags unzulässig und strafbar. Das gilt insbesondere für Vervielfältigungen, Übersetzungen, Mikroverfilmungen und die Einspeicherung und Verarbeitung in elektronischen Systemen.

Umschlagfotos: Susanne Heine

Programmleitung Garten und Lektorat:
Dr. Thomas Hagen
Herstellung: Angelika Tröger
DTP: Kathrin Michel, Satz+Layout Fruth GmbH, München

Gedruckt auf chlorfrei gebleichtem Papier

Printed in Germany
ISBN 978-3-8354-1345-0

Hinweis
Das vorliegende Buch wurde sorgfältig erarbeitet. Dennoch erfolgen alle Angaben ohne Gewähr. Weder Autoren noch Verlag können für eventuelle Nachteile oder Schäden, die aus den im Buch vorgestellten Informationen resultieren, eine Haftung übernehmen.

 www.facebook.com/blvVerlag

Höchst wirksam!

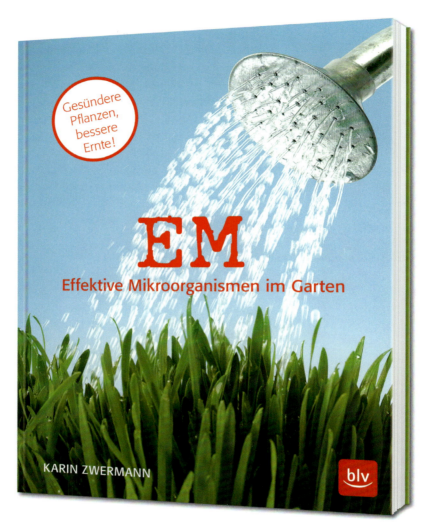

Karin Zwermann
EM - Effektive Mikroorganismen im Garten
Einfach ins Gießwasser: Effektive Mikroorganismen, die Bodengesundheit und Pflanzenwachstum auf natürliche Weise fördern. EM-Kompost und -Dünger herstellen. EM anwenden bei Rasen, Blumen und Stauden, Rosen, Gehölzen, Gemüse, Topf- und Balkonpflanzen. Schädlinge durch EM vermeiden, Gartenteichsanierung.
ISBN 978-3-8354-1364-1